U0894694

乡村社会资本与农村公共服务农民自主供给制度研究

汪杰贵 著

中国社会科学出版社

图书在版编目(CIP)数据

乡村社会资本与农村公共服务农民自主供给制度研究／汪杰贵著.
—北京：中国社会科学出版社，2015.5
ISBN 978-7-5161-6290-3

Ⅰ.①乡…　Ⅱ.①汪…　Ⅲ.①乡村—社会资本—研究—中国
②农村—社会服务—供给制—研究—中国　Ⅳ.①F323②D669.3

中国版本图书馆CIP数据核字(2015)第117756号

出版人　赵剑英
责任编辑　凌金良
责任校对　郝阳洋
责任印制　张雪娇

出　　版　中国社会科学出版社
社　　址　北京鼓楼西大街甲158号
邮　　编　100720
网　　址　http://www.csspw.cn
发行部　010-84083685
门市部　010-84029450
经　　销　新华书店及其他书店

印　　刷　北京君升印刷有限公司
装　　订　廊坊市广阳区广增装订厂
版　　次　2015年5月第1版
印　　次　2015年5月第1次印刷

开　　本　880×1230　1/32
印　　张　6.625
插　　页　2
字　　数　200千字
定　　价　29.00元

凡购买中国社会科学出版社图书，如有质量问题请与本社联系调换
电话:010-84083683
版权所有　侵权必究

序　言

农村公共服务供给是当前我国亟待解决的“三农”问题之一，为此，系统分析农村公共服务供给现状、供给制度和供给效率尤为必要。本书认为当前我国农村公共服务供给存在诸多问题，原因在于农村公共服务供给制度缺陷。在全面分析当前已有农村公共服务供给制度的基础之上，本书认为农村公共服务农民自主供给制度是一种可行的制度模式。而农村公共服务农民自主供给制度的供给和运作存在集体行动困境，为超越其制度供给困境和提升制度效率，提升农民之间信任度、重构乡村社会规范及拓展乡村社会网络尤为关键，而此三方面为乡村社会资本应有之义。为此，本书从乡村社会资本视角研究农村公共服务农民自主供给制度。同时基于对当前乡村社会资本现状的认识，本书认为重构乡村社会资本尤为必要。

为了提升农村公共服务供给效率，优化农村公共服务农民自主供给制度，提升其制度效率之目的，本书采取规范研究和实证研究相结合的方法，从以下六方面对农村公共服务农民自主供给制度进行系统分析。

第一，研究我国农村公共服务供给制度变迁。在理论上分析我国农村公共服务供给制度变迁历程及价值取向（我国农村公共服务供给制度变迁以效率为主导价值取向），为创新农村公共服务供给制度提供价值取向和理念基础。在实践上具体分析安徽省农村公共服务供给制度变迁历程，为理论研究提供实证案例。

具体而言，其一，我国农村公共服务供给制度经历了政府供给制度、社会供给制度、市场供给制度和多元化供给制度的变迁。其二，我国农村公共服务供给制度变迁的价值取向包含效率、公平和参与性等方面，但其主导价值取向仍然是效率取向。其三，清代、民国时期以及新中国成立后安徽省农村公共服务供给制度变迁为我国农村公共服务供给制度变迁理论研究提供了经验支持。由此可见，我国农村公共服务供给制度是不断变迁的，而其变迁不仅仅受到制度环境影响，同时以其背后的价值理念为支撑。

第二，反思当前我国农村公共服务供给制度。当前农村公共服务供给制度的局限具体包括制度构建的理念基础滞后、供给制度僵化和供给制度效率低下三个方面。在系统分析农村公共服务供给制度局限的基础之上，结合安徽省农村公共服务供给制度现状，本书指出创新我国农村公共服务供给制度尤为必要。具体而言，其一，我国农村公共服务供给制度三个方面局限的关系为：滞后的理念基础致使所构建农村公共服务供给制度存在缺陷，而制度缺陷导致制度效率低下。其二，农村公共服务供给制度改革思路应以农村公共服务供给制度问题解决为导向。一是重建农村公共服务供给制度构建的理念基础，将农村公共服务供给制度的主导价值取向确立为效率，同时树立公平意识、农民参与意识和责任意识；二是完善农村公共服务供给制度；三是提升农村公共服务供给制度效率。

第三，构建农民自主供给制度，实现农村公共服务制度创新。公共事务自主治理理论为构建农村公共服务农民自主供给制度奠定了理论基础。相较于现有农村公共服务供给制度，农民自主供给制度有其制度优势，但其存在着制度供给困境。具体而言，其一，埃莉诺·奥斯特罗姆和文森特·奥斯特罗姆共同创立的多中心理论的核心内容是自主治理和自主组织。此理论可拓展至农村公共服务供给领域，农民可自主供给农村公共服务供给制度。其二，相较于我国已有农村公共服务供给制度，农村公共服务农民自主供给制度具有其制度优势。一是农民自主供给制度决策模式可以解决农村公共服务供需结构失衡和有效供给不足问题。二是农村公共服务农民自主供给制度有利于克服现有公共服务供给制度缺乏有效监管的制度缺陷。三是农村公共服务农民自主供给制度有利于克服当前农村公共服务供给制度问责难、问责成本高、问责效率低的问题。四是农村公共服务农民自主供给制度能够高效提供农村公共服务，有利于克服当前农村公共服务供给制度公共服务供给效率低的制度缺陷。其三，公共事务自主治理制度存在制度供给的二阶困境，农村公共服务农民自主供给制度也存在着制度供给困境。一是农村公共服务农民自主供给制度在具体内容上无法达成一致意见。二是农村公共服务农民自主供给制度的供给的二阶集体困境，具体而言，包括制度供给者、制度设计成本承担者不明确与制度设计交易成本降低等方面的困境。

第四，分析乡村社会资本与突破农民自主供给制度困境之间的内在逻辑关系。公共治理范式研究难点之一为突破公共事务自主治理制度的供给困境。增进自主治理成员之间的信任是突破自主治理制度供给困境的必由之路，而信任是社会资本的应有之义，积累社会资本能够提升自主治理组织成员之间的信任度，从而突破其制度供给困境。为此，作为公共事务自主治理制度的农民自主供给制度困境突破的关键在于积累乡村社会资本。在理论分析之上，结合安徽省桐城市 B 村自主兴修家塘的制度供给案例进行具体分析。具体而言，其一，桐城市 B 村出现了农民自主修建沟渠现象，自主修建并不是由 B 村所在行政村组织，而是由自然村庄自主修建。其二，桐城市 B 村自主兴修家塘的制度供给困境。其三，乡村社会资本、信任增进与桐城市 B 村制度供给困境突破。安徽省桐城市 B 村村民自主兴修家塘行为及其制度化过程中遇到的困境及其突破，证明通过乡村社会资本，提升农民之间的信任度能够突破其制度供给困境。然而传统的乡村社会资本有其局限性，要更好地发挥乡村社会资本在农村公共服务供给制度困境突破中的功能，重构乡村社会资本尤为必要。

第五，论证乡村社会资本同农村公共服务农民自主供给制度效率之间的关系。农村公共服务农民自主供给制度效率提升的关键在于农民集体行动效率的提升，而乡村社会资本在提升农民集体行动效率中发挥着重要作用，安徽省桐城市F村村民自主高效修路案例为其提供了证明。具体而言，其一，乡村社会资本有利于降低农民集体行动成本，提升农民集体行动效率。就农村公共服务农民自主供给效率而言，乡村社会资本在降低农村公共服务农民自主供给三个阶段成本，提升农村公共服务农民自主供给效率中发挥着关键性作用。

第六，洞悉乡村社会资本重构在农民自主供给制度创新中的作用，探寻乡村社会资本重构途径。因为乡村社会资本，尤其是现代型乡村社会资本在农民自主供给制度创新中发挥着重要作用，重构乡村社会资本有其必要性。乡村社会资本重构关键在于实现传统型乡村社会资本向现代型乡村社会资本转变，其途径具体包括发挥基层政府引导作用，弱化乡村宗族组织职能，推动农民向自治组织发展三个方面。其一，乡村社会资本重构路径三个方面具体表现为：一是以社会主义核心价值体系为指导，发挥基层政府引导作用；二是突破基于地缘关系和血缘关系的传统乡村网络、信任与规范瓶颈，弱化乡村宗族组织职能；三是构建基于现代契约关系和法治精神的现代信任规范体系，推动农民自治组织发展。其二，安徽省乡村社会资本重构具体路径为：一是实现“乡土性”乡村社会信任转变；二是实现传统乡村社会关系向现代乡村社会关系转变；三是实现传统乡规民约向现代市场经济的制度规范转变。

纵观本书研究内容和体系，本书针对我国农村公共服务供给制度问题，从乡村社会资本维度研究农村公共服务农民自主供给制度，在研究内容和研究方法上有其创新之处。首先，就研究内容而言，一是鉴于已有农村公共服务供给制度概念界定不一，重新界定其概念，指出其是一套制度体系；二是针对以往农村公共服务供给制度研究停留于已有制度优化，基于自主治理范式研究农村公共服务供给制度构建；三是突破自主供给制度的供给困境研究难点，具体从乡村社会资本视角探讨农民自主供给制度困境突破及其制度效率提升；四是鉴于乡村社会资本积累途径研究不足，指出了乡村社会资本重构的三条途径。其次，就研究方法而言，针对以往农村公共服务供给制度研究侧重于理论推演，采用了理论研究和实证研究相结合的方法，尤其注重案例研究。由此可见，研究丰富了农村公共服务供给制度研究内容，拓宽了农村公共服务供给制度研究范式，拓展了农村公共服务供给制度研究方法，研究农村公共服务农民自主供给制度构建及其制度效率提升有利于解决我国农村公共服务供给问题，因而研究兼具理论意义和现实意义。

本书所要解决问题有其创新性，研究有其理论意义和现实意义，但由于研究条件和文献收集方面的局限，本书仍存在一些不足，这些不足也为笔者未来研究提供了方向和思路。如在研究我国农村公共服务供给制度变迁时，由于条件限制，在研究我国古代农村公共服务供给制度变迁及其影响因素时稍有不足。又如在反思我国农村公共服务供给制度时，未进一步就供给制度的理念基础、供给制度局限和供给制度效率三者之间关系进行具体分析。再如，一项制度构建及其效率，需要长期追踪调查和对比研究。针对本书的研究不足，笔者在博士毕业后进一步拓展了研究。诸如笔者研究了我国农民自组织发展困境和出路，并将其具体困境具体化到了农民自组织“内卷化”的危机和出路，并试图从乡村社会资本维度来探索农民自组织发展困境超越之路。同时，笔者不仅仅将农民自主治理研究囿于农村公共服务供给领域，而且将自主理论进一步拓展到了农村公共参与领域。

本书希冀给农村基层政府和相关研究部门政策制定奠定理论基础并提供政策建议。同时希望能够和立志于“三农”问题研究的同人一起探讨“三农”问题，希望能够为“三农”问题研究提供新的研究思路和研究方法。因而本书适合于农村基层政府、农村政策研究部门、行政管理学和农村社会学的相关专业学者和专业研究生阅读，希望学界同人不吝赐教，以使我进一步提升自己的学术能力和学术水平，在此拜谢。

本书得以付梓，首先要感谢我的导师浙江大学周生春教授13年来给予我的指导和帮助，同时非常感谢浙江财经大学裴志军教授提供的建设性建议。再次要特别感谢中国社会科学出版社武云编辑的指导和凌金良编辑的辛勤工作，您们辛苦了。最后，特别感谢我所在单位中国计量学院人文社科学院给予我充足的研究时间和提供的优良研究平台。

汪杰贵

2015年4月28日

目　　录

第一章　导论

第一节　研究背景和目的

一　研究背景

我国农村历经三十多年体制改革和发展，农业现代化进程加快，农村面貌焕然一新，农民温饱问题基本解决。但与工业相比，农业发展相对滞后；与城市相比，城乡差距依然明显；与城市居民相比，农民生活并不富裕。由此继续深化农村改革，推进农业发展，改善农民生活，进一步解决“三农”问题尤为必要。根据我国“三农”问题现状，农村公共服务供给改革迫在眉睫，其应成为突破“三农”问题的着力点。

当前我国农村公共服务供给存在诸多问题，如供给总量不足、供给不均衡与供给效率低下等，其根源之一在于当前农村公共服务供给制度存在局限。具体而言，当前我国以政府为主导的农村公共服务供给制度存在生产和供给不分、筹资渠道单一、监督机制难以运行、激励机制不健全以及问责机制缺乏等缺陷。鉴于当前农村公共服务供给制度存在以上诸多不足，构建切合当前农村实际的农村公共服务供给制度势在必行。在分析农村公共服务供给制度变迁及其价值取向基础上，反思当前农村公共服务供给制度前提下，本书认为构建农村公共服务农民自主供给制度切实可行。

然而农村公共服务农民自主供给制度存在突破其制度供给困

境和提升其制度效率的难题，具体而言：一是农村公共服务农民自主供给制度的供给具有公共物品特性，因此其制度供给过程中存在“搭便车”行为，从而导致其制度供给困境。二是农民之间信任度缺失导致农村公共服务农民自主供给制度运作成本高，制度效率低。而提升农民之间信任度能够克服“搭便车”难题及降低制度运作成本，为此，提升农民之间信任度是突破农村公共服务农民自主供给制度的供给困境和提升其制度效率的关键所在。

本书认为，当前我国农民之间信任度不高，合作意识不强，集体行动效率低下，其根源之一在于当前我国农村传统型乡村社会资本逐步流失，现代型乡村社会资本尚未建立起来，而乡村社会资本，尤其是现代型乡村社会资本在农村公共服务农民自主供给制度构建及其制度效率提升中发挥着重要作用，因而重构乡村社会资本尤为必要。为此，本书从乡村社会资本维度研究农村公共服务农民自主供给制度。

二　研究目的

当前我国农村公共服务供给存在诸多不足，根源之一在于农村公共服务供给制度存在缺陷。为此学界不乏对农村公共服务供给制度的研究，然而关于农村公共服务供给制度已有研究存在诸多局限。在洞悉我国农村公共服务供给现状及其研究现状基础之上，本书研究欲达到理论和实践两个方面目的：第一，就研究理论目的而言，具体可以细分为两个方面：一是突破公共治理研究范式难点，超越公共事务自主治理制度的供给困境；二是解决基于激励机制设计理论和社会选择理论基础上的集体行动效率低下难题。第二，就研究实践目的而言，具体可以细分为六个方面：一是洞悉我国农村公共服务供给现状；二是分析我国农村公共服务供给制度变迁历程；三是反思我国农村公共服务供给制度现状；四是构建切合我国当前农村实际的农村公共服务农民自主供给制度；五是提升农村公共服务农民自主供给制度效率；六是探索乡村社会资本重构途径。

第二节　研究意义

一　理论意义

第一，突破公共治理范式研究一大难点，突破公共事务自主治理制度的供给困境。本书认为，公共事务自主治理制度供给具有公共物品的特性，存在着非竞争性和非排他性，公共事务自主治理制度的供给存在集体行动困境，而突破集体行动困境的关键在于提升制度供给者之间的信任水平，而信任是社会资本的应有之义，因而积累社会资本应能在突破公共事务自主治理制度的供给困境中起到积极作用。就突破农村公共服务农民自主供给制度的供给困境而言，其关键在于提升农民之间的信任度，而农民之间信任度提升的关键在于重构乡村社会资本。

第二，拓展了农村公共服务供给制度研究视角。一是本书从公共治理范式视角来探寻农村公共服务供给制度创新；二是从制度变迁视角来分析农村公共服务供给制度构建的价值取向；三是从乡村社会资本视角来研究农村公共服务农民自主供给制度的供给困境突破及其制度效率提升。

第三，拓宽了农村公共服务供给制度研究内容。一是拓展了农村公共服务供给制度内涵，本书将农村公共服务供给制度看成一套制度体系，其可以具体细化为农村公共服务决策制度、筹资制度、生产制度、提供制度、分配制度与监督制度等子制度；二是研究我国农村公共服务供给制度变迁历程及其变迁价值取向；三是研究乡村社会资本与农村公共服务农民自主供给制度之间的作用规律和作用路径；四是从成本—收益维度出发，研究乡村社会资本与农村公共服务农民自主供给制度效率间的关系。

第四，研究方法意义。本书突破了以往单一的逻辑推理方法，实现了历史分析方法、逻辑推理方法和案例分析方法的融合。一是通过历史分析方法，探讨我国农村公共服务供给制度变迁历程及其变迁价值取向。二是逻辑推理方法。在分析农村公共服务供给制度变迁历程和反思当前农村公共服务供给制度现状基础上，指出当前构建农村公共服务农民自主供给制度切合农村实际；论证了乡村社会资本与农村公共服务农民自主供给制度构建及其效率之间的作用路径和作用规律。三是案例分析方法。通过史料分析和实地调研，具体分析安徽省农村公共服务供给制度变迁历程、调查安徽省农村公共服务供给制度现状、乡村社会资本与安徽省桐城市 B 村自主兴修家塘制度供给的关系及乡村社会资本与安徽省桐城市 F 村农民自主修路效率之间的关系。

二　现实意义

第一，解决农村公共服务供给问题。本书通过分析农村公共服务供给现状，寻找其制度根源，主张构建农村公共服务农民自主供给制度来解决当前农村公共服务供给中存在的供给总量不足、供给不均衡及供给效率低下等问题。

第二，突破农村公共服务供给制度缺陷，创新农村公共服务供给制度。一是具体分析当前我国农村公共服务供给制度局限，具体而言，当前农村公共服务供给制度存在供给主体单一、城乡二元供给体制、农民需求表达制度不畅、监管机制缺乏、问责机制不完善与激励约束机制不健全等问题。二是本书欲突破以往单中心、政府垄断供给的农村公共服务供给制度，构建多中心、反映农民公共服务真实需求偏好的农村公共服务供给制度，着重探讨农村公共服务农民自主供给制度构建。

第三，突破农村公共服务农民自主供给制度的供给困境，提升农村公共服务农民自主供给制度效率。乡村社会资本在提升农民之间信任度中发挥着重要作用，乡村社会资本重构有利于突破农村公共服务农民自主供给制度的供给困境及提升其制度效率。

第四，实现乡村社会资本由传统向现代转变。随着我国市场化改革和社会化改革进程的推进，我国传统乡村社会资本日益瓦解，而现代乡村社会资本尚未建立起来。乡村社会资本在农村公共服务供给制度创新中发挥着积极作用，为此有必要探讨我国乡村社会资本重构。本书探讨了突破传统乡村社会资本瓶颈与构建现代乡村社会资本的途径，具体包括发挥基层政府引导作用，弱化乡村宗族组织职能，推动农民自治组织发展三个方面。

第三节　相关概念界定

一　公共服务与农村公共服务

公共服务属于公共产品的范畴，具有非竞争性和非排他性，广义的公共服务等同于公共产品和服务，狭义的公共服务是指无形的公共产品。农村公共服务是指为满足农业、农村发展或农民生产、生活共同所需而提供的公共产品和服务，具有非竞争性和非排他性，广义的农村公共服务兼具物质形态和非物质形态，狭义的农村公共服务不具备物质形态。本书从广义上界定农村公共服务概念。

二　农村公共服务供给制度与农村公共服务农民自主供给制度

根据伊曼纽尔·萨瓦斯对公共服务参与者进行消费者、生产者和提供者的划分，农村公共服务供给制度可以界定为农村公共服务生产者或提供者根据消费者需求，生产与提供农村公共服务过程中而形成的一套制度体系，可以细化为农村公共服务决策制度、筹资制度、生产制度、提供制度、分配制度与监督制度等子制度。

农村公共服务农民自主供给制度。在界定公共服务、农村公共服务与农村公共服务供给制度三个概念基础上，本书对农村公共服务农民自主供给制度概念作如下界定：农民根据农村公共服务的现实需求，形成农民自治组织，自主生产和提供农村公共服务过程中而形成的制度体系。其制度特征有三：一是农村公共服务的供给主体为农民自治组织，根据农村公共服务的公共物品特性和单个农户的能力现状，本书排除了单个农户自主供给情形。二是此制度供给公共服务效益相对较高。农村公共服务的供给者和消费者都是农民，因而能够全面了解农村公共服务需求现状，提供农民急需的农村公共服务，解决农村公共服务供需结构失衡难题。三是农村公共服务农民自主供给制度是一个制度体系，它包含农村公共服务决策制度、筹资制度、生产制度、提供制度、分配制度与监督制度等子制度。

三　社会资本与乡村社会资本

社会资本概念是在社会学、政治学与经济学等多学科交叉融合中形成的，兴起于20世纪70年代，布尔迪厄、科尔曼、林南与普特南等学者对社会资本概念从不同视角进行过经典界定。本书采纳普特南对社会资本概念的界定。罗伯特·D. 普特南认为，“社会资本是指社会组织的特征，例如网络、规范和信任，它们有助于人们为了共同利益进行协调与合作，是能够通过推动协调的行动来提高共同目的的实现效率的信任、规范以及社会网络”。[①] 根据普特南对社会资本概念的界定，本书从认知型和区域型社会

① ［美］罗伯特·D. 普特南：《使民主运转起来——现代意大利的公民传统》，王列、赖海榕译，江西人民出版社2001年版，第195页。

资本视角对乡村社会资本概念作如下界定：乡村社会资本是指乡村社会组织的特征，主要是指有助于提升农民集体行动效率的乡村社会信任、乡村社会规范及乡村社会网络。

第四节　研究的思路、基本框架和结构

一　研究思路和基本框架

本书研究思路具体化为以下步骤：探寻农村公共服务供给制度变迁历程及价值取向——反思当前农村公共服务供给制度现状——研究农村公共服务供给制度创新——分析乡村社会资本与突破农村公共服务农民自主供给制度的供给困境——探讨乡村社会资本与农村公共服务农民自主供给制度效率关系——探索基于乡村社会资本重构的农民自主供给制度创新。根据研究思路、本书的基本框架。（见图 1－1）

二　结构安排

本书就农村公共服务供给制度和乡村社会资本进行了具体分析，本书由九章构成，各章主要内容如下。

第一章　导论。本章主要阐述研究背景和目的、研究意义、相关概念的界定、研究基本框架和结构、研究方法和研究创新点。

第二章　文献综述。本章主要目的在于分析农村公共服务供给制度及乡村社会资本相关研究现状。主要包括五个部分：一是农村公共服务供给制度研究现状。二是乡村社会资本研究现状。三是农村公共服务供给制度变迁相关研究现状。四是社会资本与农村公共服务供给制度关系研究现状。五是社会资本与制度绩效研究现状。

第三章　我国农村公共服务供给制度变迁。本章主要目的在

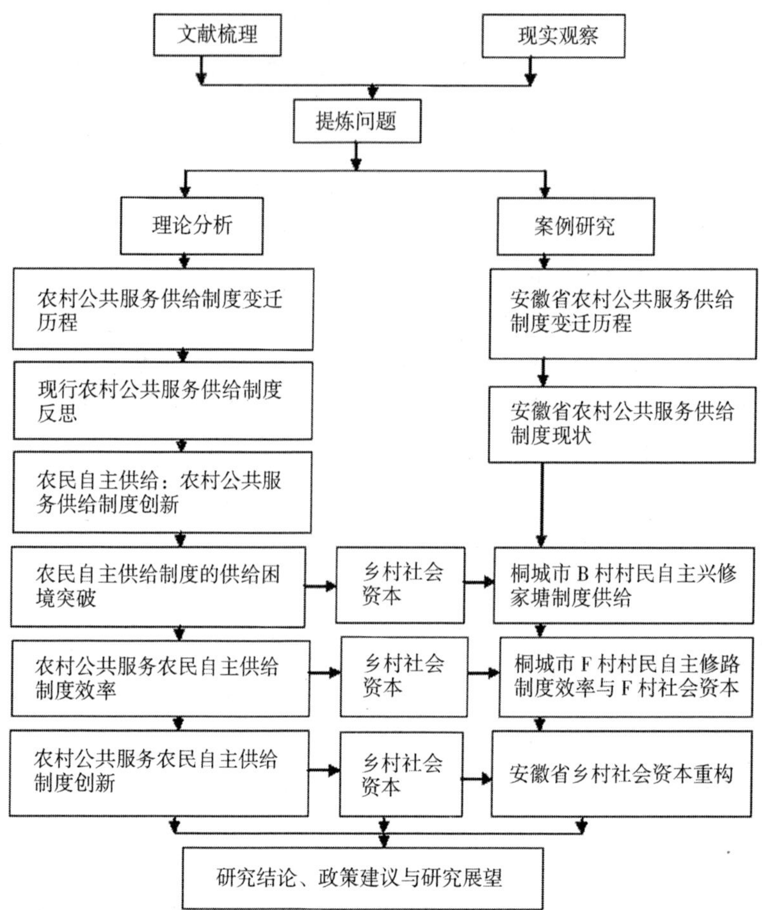

图1－1　本书的研究思路与基本框架

于通过分析我国农村公共服务供给制度变迁历程及其变迁价值取向，指明农村公共服务供给制度创新的价值导向。本章主要分析古代、民国、新中国成立后农村公共服务供给制度及其价值取向。在此基础上以安徽省作为个案，具体探讨了安徽省农村公共服务供给制度变迁。

第四章 现行农村公共服务供给制度的反思。本章主要目的在于通过反思当前农村公共服务供给制度问题，说明构建切合当前农村实际的农村公共服务供给制度尤为必要。本章主要分析了当前我国农村公共服务供给制度构建的理念基础滞后、供给制度局限及供给制度效率低下等问题。此外本章对安徽省农村公共服务供给制度现状进行了系统分析。

第五章 农民自主供给：农村公共服务的制度创新。本章主要目的在于构建一种新的农村公共服务供给制度。根据公共事务自主治理理论，本书认为构建农民自主供给制度切合当前农村实际，在此基础之上分析了农民自主供给制度的优势，同时认为农民自主供给制度存在制度供给的困境。

第六章 乡村社会资本与农民自主供给制度的供给困境突破。本章目的在于分析乡村社会资本在农民自主供给制度困境突破中的作用。具体分析了社会资本与公共事务自主治理制度困境突破的逻辑关系，乡村社会资本与突破农民自主供给制度的困境，安徽省桐城市 B 村农民自主兴修家塘制度供给困境。

第七章 乡村社会资本与公共服务农民自主供给制度效率的提升。本章主要从集体行动视角出发，分析乡村社会资本与农村公共服务农民自主供给制度效率作用路径和作用规律。在理论分析基础上，通过安徽省桐城市 F 村村民自主修路案例进行实证分析。

第八章 基于乡村社会资本重构的公共服务农民自主供给制度创新。现代型乡村社会资本在农村公共服务农民自主供给制度创新中发挥重要作用，为此当前乡村社会资本需要重构，进而探讨了乡村社会资本重构途径。主要包括政府引导、弱化宗族组织职能及构建现代农民自治组织三方面途径。

第九章 研究结论、政策建议与研究展望。本章在对全书总结的基础上，得出研究结论，分析研究的政策意义，并指出本书研究不足和展望未来研究。

第五节　研究方法和主要创新点

一　研究方法

第一，就宏观层面而言，本书采取多学科交叉的研究方法。本书采用了行政管理学、政治学、社会学与经济学等多学科相结合的研究方法。所涉及的理论基础包括社会资本理论、制度变迁理论、公共治理理论、公共选择理论、外部效应理论、财政制度理论、制度绩效理论、公共服务理论、村民自治理论、集体行动理论。一系列的行政学理论和经济学理论为本书奠定了充实的理论基础。同时在研究过程中，笔者通过文献检索、阅读和分析，深入了解国内外研究现状。如农村公共服务供给问题研究、农村公共服务供给制度研究、乡村社会资本积累与农村公共服务供给农民自主制度效率研究。通过探索以上理论的研究现状、进展程度以及水平，并以此为基础，形成具体的研究问题、研究思路与研究框架。

第二，从微观角度来分析，本书研究方法主要包括以下方面：文献研究方法、逻辑推理方法和案例分析方法。其一，文献研究方法。本书查阅了国内外关于公共服务供给、公共服务供给制度、社会资本积累、社会资本与制度创新以及社会资本与制度效率相关文献，为本书研究奠定坚实的理论基础。其二，逻辑推理方法。本书在分析农村公共服务供给制度变迁和反思当前农村公共服务供给制度现状基础上，指出构建切合当前农村实际的农村公共服务供给制度尤为必要，并且分析了乡村社会资本与此种农村公共服务供给制度构建及制度效率之间的作用规律和作用路径。其三，案例分析方法。本书克服以往学界大多仅从理论推演视角来研究农村公共服务供给问题的研究局限，通过案例分析来证实本书的研究结论。具体而言，本书案例分析具体如下：安徽省农村公共服务供给制度现状、安徽省农村公共服务供给制度变迁、安徽省桐城市B村自主兴修家塘制度供给、安徽省桐城市F村村民自主修路制度效率与安徽省乡村社会资本重构。

二　主要创新点

第一，在农村公共服务供给制度方面，本书创新点主要体现在以下三个方面：一是严格界定了农村公共服务供给制度概念，指出农村公共服务供给制度是个系统，它由一套子制度构成。其中包括了农村公共服务决策制度、筹资制度、生产制度、提供制度、分配制度、监督制度等子制度。二是系统分析了我国农村公共服务供给制度存在的问题。主要包括供给制度构建的理念基础、供给制度缺陷及供给制度效率三个方面，指出构建农村公共服务农民自主供给制度的必要性。三是研究了乡村社会资本与农村公共服务农民自主供给制度构建及其制度效率之间的作用规律和作用路径。

第二，在社会资本理论方面，本书重新界定了社会资本概念，探讨了乡村社会资本构建途径。具体途径有三：一是以社会主义核心价值体系为指导，发挥基层政府引导作用。二是突破基于亲缘关系、地缘关系和血缘关系的传统乡村网络信任规范瓶颈，弱化乡村宗族组织职能。三是构建基于现代契约关系和法治精神的现代信任规范体系，推动农民自治组织发展。

第三，在研究方法上，鉴于以往社会资本与农村公共服务供给研究大多基于规范分析、实证研究不足的局限，本书基于安徽省实践调研，采取了案例研究方法。具体而言，本书系统分析了安徽省农村公共服务供给制度现状、制度变迁、制度效率及乡村社会资本重构。

第二章　文献综述

为洞悉我国农村公共服务供给制度现状、制度变迁及制度效率，全面掌握乡村社会资本在农村公共服务农民自主供给制度构建和制度效率提升中的作用，破解农村公共服务供给难题，探索农村公共服务供给制度和乡村社会资本相关研究现状尤为必要。具体而言，本书从五个方面探讨了农村公共服务供给制度与乡村社会资本相关研究现状。一是农村公共服务供给制度研究现状。具体包括农村公共服务供给问题、农村公共服务概念界定与农村公共服务供给制度概念界定与农村公共服务供给制度现状。二是乡村社会资本研究现状。具体包括乡村社会资本的概念、功能、积累与现状。三是农村公共服务供给制度变迁相关研究现状。具体包括制度变迁理论基础、农村制度变迁与农村公共服务供给制度变迁。四是乡村社会资本与农村公共服务供给制度关系研究现状。具体包括乡村社会资本与农村公共服务供给以及乡村社会资本与农村公共服务制度变迁。五是社会资本与制度效率研究现状。具体包括社会资本、制度变迁与经济发展、社会资本与制度变迁效率及社会资本与制度效率等相关研究。

第一节　农村公共服务供给制度研究述评

一　农村公共服务供给问题

目前学界关于农村公共服务供给问题研究具体包括公共服务供

给主体局限、供给失衡、有效供给不足、供给需求现状及供给问题原因等方面。而有关农村公共服务供给问题研究的局限体现在理论基础研究较少、政策性研究较多以及实证研究不足等方面。

（一）农村公共服务供给主体局限

就农村公共服务供给主体局限而言，当前农村公共服务供给主体单一，主要由地方各级政府，尤以乡镇政府提供为主。农村公共服务供给尚未完全实现市场化和社会化，因而民间主体缺乏。同时农村公共服务供给存在主体错位问题。具体而言，第一，农村公共服务供给主体单一。当前学界对此问题具体分析如下：梁满艳认为，"长期以来，受传统计划体制的影响，农村公共服务供给以政府为主体，农村的公共服务供给处于一种垄断状态，而且主要的服务都是由乡镇级政府提供的"。① 于慎澄指出，"地方各级政府都是提供农村公共服务的主体，而且是唯一的供给主体"。② 高雅杰、孟华研究表明，"农村公共服务还没有实现社会化与市场化"。③ 周青、郑恒峰、黄兴生指出，"农村公共服务供给渠道过于单一，对来自民间方面的供给积极性调动不足"。④

第二，农村公共服务供给主体错位，责任不清。中央政府与地方政府责任不清，政府供给与社会供给主体责任不清。首先，根据公共财政理论，农村的"纯"公共服务应该由政府免费提供，对于"准"公共服务而言，市场机制可以发挥一定的作用。

① 梁满艳：《新农村公共服务供给：问题与对策》，《湖南商学院学报》2006 年第 12 期。

② 于慎澄：《我国农村公共服务供给机制问题探讨》，《理论前沿》2008 年第 20 期。

③ 高雅杰、孟华：《浅析我国农村公共服务体系》，《台声 · 新视角》2006 年第 1 期。

④ 周青、郑恒峰、黄兴生：《取消农业税后强化农村公共服务供给的对策思考——基于福建省几个县市农村公共服务需求问卷调查的分析》，《福建论坛》（人文社会科学版）2008 年第 4 期。

但政府在提供“准”公共服务时仍发挥主导作用。而曾小龙、史传林则认为，“中央政府主要负担全国性的公共服务，地方政府主要负担地方性的公共服务”。[①] 其次，杨其元指出，“各级政府的公共责任划分不清，供给主体错位”。[②] 而朱穗华认为，“中央政府和地方政府责任不明确”。[③] 再次，李秀忠指出，“农村公共服务供给‘缺位’、‘错位’、‘越位’的太多”。[④]

（二）农村公共服务供给失衡

我国农村公共服务供给失衡主要体现在供求失衡与供给区域失衡等方面。就农村公共服务供求失衡而言，公共服务供求失衡可细分为供给总量失衡与供给结构性失衡两个方面。而供给总量失衡是指公共服务的供给难以满足消费者对它的需求。我国农村公共服务供给总量失衡体现为供给总量严重不足。当前学界从供给总量不足的原因、体现、重点三个方面进行了具体分析。朱穗华认为，“供给不足的原因是财权和事权不对称。现行的财政体制，使得有限的财力被中央、省级政府相对集中，导致县乡两级政府可用财力大幅下降，而基本事权却有所下移”[⑤]；而纪程则指出，“其原因是农村公共服务供给成本高”[⑥]。学界在分析公共服务供给总量不足的原因的同时分析了其表现，具体如下：张应

① 曾小龙、史传林：《当前农村公共服务供给分析——以服务制度创新为视角》，《改革与战略》2008 年第 8 期。

② 杨其元：《如何完善农村公共服务体系》，《中国改革》2008 年第 5 期。

③ 朱穗华：《对重构新时期农村公共服务体系的思考》，《法制与社会》2006 年第 10 期。

④ 李秀忠：《农村公共服务供给问题思考》，《山东师范大学学报》（人文社会科学版）2007 年第 6 期。

⑤ 朱穗华：《对重构新时期农村公共服务体系的思考》，《法制与社会》2006 年第 10 期。

⑥ 纪程：《“后税改时代”的农民需求与新型农村公共服务体系建设》，《改革与战略》2008 年第 2 期。

来认为，“供给总量不足体现在农业基础设施不足、农业科技投入不足、农村义务教育经费投入不足、医疗供给不足等方面”[①]；屈群苹指出，“农业水利设施老化，农业机械化程度低”[②]；涂文静指出，总量不足具体内容为：“农村公共卫生服务水平低、农村教育服务水平滞后、农村公共就业服务基本处于空白状态、农村社会保障服务体系不完善、农村科技与信息的服务体系滞后、农业基础性研究较少、农业推广服务体系滞后且缺乏针对性、农村科技与信息服务内容单一、空泛、不及时、没有统一机构或组织进行管理，服务的效果较差，很难适应农民的需要。”[③] 学界也不乏对于农村公共服务供给总量严重不足项目的研究。吴孔凡认为，“农村基本生存所需、生产所需的公共服务仍显不足、关系农村可持续发展的公共服务严重短缺”。[④]

农村公共服务供求失衡的另一方面体现为供给结构性失衡。学界大抵从其概念、失衡原因与体现三个方面进行了分析。刘宇南、薛元对供给结构性失衡概念作如下界定：“在既定的供给水平下，由于公共服务供给方式、供给内容、供给环节等方面的原因所造成的供给与需求间的偏差。”[⑤] 王向华分析了供给结构性失衡原因，具体包括：“重视形象公共工程，轻视公共服务；重视准公共服务供给，轻视纯公共服务供给；重视短缺政绩项目投

① 张应来：《推进乡镇机构改革搞好农村公共服务》，《决策与信息》2008年第5期。

② 屈群苹：《对农村公共服务供给问题的思考》，《中共浙江省委党校学报》2007年第3期。

③ 涂文静：《完善农村公共服务体系 建设社会主义新农村》，《广西民族大学学报》（哲学社会科学版）2007年第6期。

④ 吴孔凡：《新时期农民公共需求的特点与农村公共服务供给的取向》，《经济研究参考》2008年第69期。

⑤ 刘宇南、薛元：《制约农村公共服务的体制机制因素及政策建议——世界银行关于我国农村公共服务的研究》，《中国经贸导刊》2007年第21期。

资，轻视长期战略公共服务供给；重视新建，轻视维修，其结果必然导致农民需求和公共服务分配供给的不平衡。"① 而梁满艳具体分析了供给结构性失衡："一方面大部分农民急需的生产性公共服务供给严重不足与某些较少需求的公共服务供给过剩并存；另一方面涉及到农村可持续发展的公共服务如教育、医疗保障及农村的环境保护等供给严重短缺。"②

就供给区域失衡研究而言，学界从供给区域失衡的体现、原因和后果三个方面进行了具体分析。一是供给区域失衡体现研究。孙柏昌、景国薇指出，"公共服务供给呈现非均衡化，供给的区域性差异，尤其是城乡供给差别大"③；刘艳平认为，"农村公共服务供给总体缺乏，城乡供给不平衡"④；李新庚认为，"存在着重城市发展、轻农村建设的结构性失衡问题和城乡失衡问题"⑤；涂文静则指出，"尤其是城乡公共事业建设差距巨大"⑥。二是城乡供给失衡的原因研究。苗秀珍、王瑞林从总体制度维度进行分析，他们指出，"我国农村区域经济发展不均衡的原因在于农村现有公共产品的供给体制"⑦；而屈群苹认为，"在现行的

① 王向华：《新时期完善河南农村公共服务体系的思考》，《北方经济》2008年第11期。

② 梁满艳：《新农村公共服务供给：问题与对策》，《湖南商学院学报》2006年第12期。

③ 孙柏昌、景国薇：《我国农村公共服务供给存在的问题及对策》，《黑龙江对外经贸》2008年第12期。

④ 刘艳平：《推进农村公共服务体系建设的现实路径选择》，《商业时代》2009年第18期。

⑤ 李新庚：《当前农村公共服务的状况与建设目标》，《文史博览（理论）》2007年第11期。

⑥ 涂文静：《完善农村公共服务体系 建设社会主义新农村》，《广西民族大学学报》（哲学社会科学版）2007年第6期。

⑦ 苗秀珍、王瑞林：《欠发达地区农村公共服务体系建设研究》，《陕西行政学院学报》2008年第1期。

城乡二元结构下，农村公共服务的供给主要由农民自己负担，政府投入少，这种供给主体的差异和政策待遇的不同，造成城乡公共服务供给水平的失衡”①；王锐兰从政策维度进行分析，她认为，“城乡二元政策使得农村公共服务供给症结难以根治”②；王洪春分析了具体的制度根源，他认为，“户籍制度和社会保障制度的城乡差异是城乡公共产品供给不平衡的重要原因”③。三是供给区域性失衡的后果研究。曹安指出，“我国社会具有明显的二元结构特点，与这种二元性紧密联系的便是对城乡公共服务的差别对待，从而导致农村公共服务供求矛盾十分突出，社会公平严重缺失”④。

（三）农村公共服务有效供给不足

关于农村公共服务有效供给不足的研究，学界大抵从其原因和体现两个维度进行具体分析。一是有效供给不足的原因。梁满艳认为，“其原因在于农村公共服务供给资金总量不足、供给整体水平不高与社会保障制度不健全”⑤；而刘艳平、王郡华则指出，“原因在于农村公共服务供给结构失调，供求矛盾突出，因此导致农村公共服务的质量不高，供给效率低下”。⑥

---

① 屈群苹：《对农村公共服务供给问题的思考》，《中共浙江省委党校学报》2007年第3期。

② 王锐兰：《引领农村非营利组织参与农村公共服务问题研究》，《全国商情》（经济理论研究）2008年第17期。

③ 王洪春：《强化农村公共服务推动新农村建设》，《西藏发展论坛》2006年第5期。

④ 曹安：《我国农村公共服务存在的问题和对策》，《长春工程学院学报》（社会科学版）2009年第1期。

⑤ 梁满艳：《新农村公共服务供给：问题与对策》，《湖南商学院学报》2006年第12期。

⑥ 刘艳平、王郡华：《优化农村公共服务体制的对策选择》，《临沂师范学院学报》2009年第8期。

二是有效供给不足的体现。曾小龙、史传林指出，“有效供给不足就是指农村公共服务供给相对过剩，具体体现为：重‘硬’公共服务供给轻‘软’公共服务供给，重‘准’公共服务供给轻‘纯’公共服务供给”。[①]

（四）农村公共服务需求现状

近年来我国农村公共服务需求状况呈现需求多样化和需求满意度不高的特点，致使农村公共服务供求存在农民日益增长的公共服务需求与公共服务供给不足的矛盾。有学者就此进行了具体分析。曾小龙、史传林指出，“农民对农村公共服务需求呈现多样化趋势”[②]；吴孔凡则认为，“农民对公共服务满意度不高，农民对已有的公共服务评价不高”[③]；而夏锋对农村公共服务农民满意度进行了排序，研究表明，“看病难、看病贵；子女上学难、费用高，是农民最期望解决的两种基本公共服务”。[④] 同时农民对养老、就业、道路、农田水利设施建设等基本公共服务的需求度也较高。另外，从调查数据看，农民对文化娱乐、公共安全和环境保护等公共服务也表现出较强的需求度。

（五）农村公共服务供给问题原因分析

农村公共服务供给存在着诸多问题，为此必须对其原因进行探索，学界从多个维度对其进行分析。就公共服务资金视角而言，苏晓艳、范兆斌认为，“公共服务的资金来源过于单一”[⑤]；

① 曾小龙、史传林：《当前农村公共服务供给分析——以服务制度创新为视角》，《改革与战略》2008年第8期。

② 同上。

③ 吴孔凡：《新时期农民公共需求的特点与农村公共服务供给的取向》，《经济研究参考》2008年第69期。

④ 夏锋：《农村人口公共需求变化与公共服务体制建设》，《人口与经济》2008年第2期。

⑤ 苏晓艳、范兆斌：《我国农村公共产品供给的制度困境及对策选择》，《软科学》2005年第2期。

王颖、王洪川指出，“农村公共服务财政投入不足”[①]；陈雪梅认为，“其主要原因是财权事权不对称”[②]。根据财政分权理论，中央政府主要负责全国性公共服务的供给，地方政府则负责地方性公共服务的供给，区域性的公共服务由中央和地方共同供给或几个区域联合供给。然而财权过于向上集中所造成的基层财力紧张、公共服务严重依赖省级以上专项资金，是造成上述结构性失衡的重要原因；于慎澄认为，“转移支付资金利用效率低”[③]；王宇涛研究表明，“县乡可用财力严重不足与财政陷入困境等”[④]；余世喜、李喆指出，“税费制度不合理与乡镇基层政府财政不足。同时农村自治组织供给农村公共服务不足，根源在于农村基层组织财政收入大幅度减少，农村公共品供给难以维系”[⑤]；许陵认为，“农村公共资金短缺，其原因在于农村公共资金管理混乱，使用效率不高”。[⑥]

就政府研究视角而言，苏时鹏、张春霞认为，“各级政府公共服务供给理念滞后。‘重工轻农’与‘重城轻乡’的思想是影响农村公共服务供给的主要主观因素”。[⑦] 高强则从政府职能视

---

① 王颖、王洪川：《完善我国新型农村公共服务体系发展的路径分析》，《东北大学学报》（社会科学版）2009 年第 7 期。

② 陈雪梅：《对农村公共服务的回顾与反思》，《天水行政学院学报》2007 年第 2 期。

③ 于慎澄：《我国农村公共服务供给机制问题探讨》，《理论前沿》2008 年第 20 期。

④ 王宇涛：《我国农村公共服务的投资现状及对策研究》，《特区经济》2008 年第 9 期。

⑤ 余世喜、李喆：《中国农村公共服务存在的问题及其原因分析》，《南方农村》2006 年第 3 期。

⑥ 许陵：《关于我国现阶段农村公共产品供给研究》，《经济研究参考》2006 年第 23 期。

⑦ 苏时鹏、张春霞：《农村公共服务的差距分析与体系建构——以福建为例》，《华南农业大学学报》（社会科学版）2006 年第 1 期。

角进行了分析。他认为,“政府的公共服务职能还很薄弱,政府公共服务职能不到位的问题仍然很突出。政府职能转变滞后,离建设公共服务型政府的要求还很远,政府职能存在缺失现象”。[①]伏玉林、符钢战指出,“农村公共服务供给机制不稳定。农村公共服务供给机制易受大制度环境转变影响,从而制约农村公共服务供给连续性。如税费改革对我国东西部地区农村公共服务提供机制有着不同的影响,其导致了东西部地区农村公共服务供给的差异性和连续性”。[②]

除此之外,还有学者从农村公共服务自身的正外部性与无形性的维度进行了分析。苏晓艳、范兆斌研究表明,“自发状态下的集体选择与行动很难发生,分散的农户没有积极性,也没有能力提供公共服务,存在较强的‘搭便车’行为,从而导致‘公地悲剧’”。[③]另外,农村公共服务供给存在外部效应,致使私人不能有效提供公共服务,从而导致公共服务供给不足。

二　农村公共服务概念

(一)公共服务概念界定

当前学界关于公共服务概念已有界定大抵可以归纳为以下四种:一是公共服务是一种社会服务,具有公共产品性质,具有非竞争性和非排他性。具体包括两个方面特质:贺文慧、邹奎认为,“公共服务是一种具有非竞争性和非排他性的社会服务,这

① 高强:《新农村公共服务新型社区平台的探索——新型农村社区“内源式”和“外推式”的建构模式分析》,《天府新论》2006年第2期。

② 伏玉林、符钢战:《税费改革后农村公共服务提供机制的比较研究——基于湖北与浙江农村调查》,《社会科学》2007年第10期。

③ 苏晓艳、范兆斌:《我国农村公共产品供给的制度困境及对策选择》,《软科学》2005年第2期。

种服务一般对公众或社会的发展有利，但具有一定的外部性，使得其提供服务的私人收益小于社会收益”。[①] 宿一兵、汤庆熹指出，“公共服务是以一定的信息、技术或劳务等无形的服务形式表现出来的一种公共产品”。[②]

二是提供公共产品的服务。首先，就公共服务外延而言，屈群苹认为，“所谓公共服务就是提供公共产品的服务，包括加强城乡公共设施建设、发布公共信息以及发展教、科、文、卫等公共事业，旨在为公众参与经济、政治、文化活动提供保障和创造条件”。[③] 其次，公共服务供给目的包括两个方面：费广胜认为，“公共服务是一种满足公众需要的服务活动”[④]；另外有学者指出，公共服务是指不以营利为目的，旨在有效地增进公平，推进合理分配，协调公共利益的调控活动。

三是提供的公共产品和服务。首先，就内涵而言，曹安指出，“公共服务是一种广义的概念，即主要由政府或其他公共部门提供的具有非竞争性、非排他性的用以满足公共需求的产品和服务”。[⑤] 其次，就外延而言，2004 年温家宝同志在省部级主要领导干部“树立和落实科学发展观”专题研究班结业仪式上的讲话中明确提出，公共服务就是“提供公共产品和服务，包括加强城乡公共设施建设，发展社会就业、社会保障服务和教育、科技、文化、卫生、体育等公共事业，发布公共信息等，为社会

① 贺文慧、邹奎：《农户信息服务需求分析》，《技术经济》2006 年第 12 期。

② 宿一兵、汤庆熹：《美国公共服务理论对中国农村公共服务改革之启示》，《湖南农业大学学报》（社会科学版）2005 年第 12 期。

③ 屈群苹：《对农村公共服务供给问题的思考》，《中共浙江省委党校学报》2007 年第 3 期。

④ 费广胜：《提升农村公共服务能力的探讨》，《行政论坛》2008 年第 6 期。

⑤ 曹安：《我国农村公共服务存在的问题和对策》，《长春工程学院学报》（社会科学版）2009 年第 1 期。

公众生活和参与社会经济、政治、文化活动提供保障和创造条件，努力建设服务型政府”。再次，就类别而言，杨静认为，“公共服务可分为经济性公共服务和社会性公共服务”。①

四是公共产品，但不具备物质形态。徐小青指出，“公共服务具有公共产品的性质，但是不具备产品的物质形态，而是以一定的信息、技术或劳务等服务的形式表现出来的一种公共产品”。②

根据学界已有界定，公共服务包括了社会性服务、提供公共产品的活动、提供的公共产品和服务以及不具备物质形态的公共产品四个方面。本书认为，公共服务是一种社会性服务，兼具物质形态和非物质形态，且具有非竞争性和非排他性。

（二）农村公共服务概念界定

当前学界从三个方面界定了农村公共服务概念：一是农村公共服务是一种社会性服务。宋伟、任慧成从农村公共服务性质视角进行了分析，他们指出，“农村公共服务就是广大农村地区为满足农业、农村和农民的需要而提供的具有一定非竞争性和非排他性、以非物质形态表现的社会服务”。③ 巩玉涛、贾海薇分析了农村公共服务的提供者，他们认为，“由法律授权的政府以及非政府的公共组织和单位在农村公共服务的生产和供给中承担主要职责”。④ 黄世贤指出了农村公共服务内容，他认为其具体内容为：“农村基础设施，农业科技支持，农村文化、教育、卫

① 杨静：《完善农村公共服务体制是构建和谐社会的关键》，《社会工作》2007年第9期。

② 徐小青：《中国农村公共服务》，中国发展出版社2002年版，第47页。

③ 宋伟、任慧成：《新农村建设中的农村公共服务改革》，《理论观察》2006年第3期。

④ 巩玉涛、贾海薇：《我国农村公共服务供给现状、问题及其对策分析》，《今日南国》（理论创新版）2008年第5期。

生，农村社会保障，农村社会管理与服务等五个方面内容。”①陈荣卓、唐鸣探讨了农村公共服务的形式。他们研究后表明，“农村公共服务不具备物质形态，而以农业信息、农业技术或劳务等服务形式表现出来的一种农村公共产品”。②

二是农村公共服务是一种公共产品和公共服务。赵京华、周素萍、张亦明、杨斌从其内涵维度进行研究，他们指出，“农村公共服务隶属于公共服务，它是指根据国家经济社会发展阶段和总体水平，在充分考虑各种约束条件的情况下，建立在一定社会共识基础上，为维持本国社会的稳定、基本的社会正义和凝聚力，保护农村个人最基本的生存权和发展权所必需提供的公共服务”。③ 宋英杰、吕璀璀探讨了农村公共服务内容，他们认为，“内容主要包括公共安全服务、基础教育、基础设施、公共卫生、公共文化、社会保障、科学技术、环境保护、行政法律和社区服务等”。④ 张剑雄从农村公共服务供给的目的来界定其概念，他认为，“农村公共服务供给的具体目的可以细分为缩小工农差距、城乡差距、地区差距与阶层差距等方面”。⑤ 郭伟、曹琳剑研究了农村公共服务的提供者，他们认为，“农村公共服务设施

① 黄世贤：《我国农村公共服务政策回顾与评价》，《江西财经大学学报》2009年第2期。

② 陈荣卓、唐鸣：《乡镇法律服务所服务属性的变迁——农村公共服务视野下的一种阐释》，《东南学术》2008年第3期。

③ 赵京华、周素萍、张亦明、杨斌：《新型农村公共服务体系研究》，《天津电大学报》2009年第6期。

④ 宋英杰、吕璀璀：《从失衡状态探析推进我国农村公共服务均等化的途径》，《乡镇经济》2009年第2期。

⑤ 张剑雄：《我国农村公共服务体系建设滞后的原因与对策》，《咸宁学院学报》2008年第5期。

主要依靠中央和地方各级政府提供”。[①]

三是农村公共服务是一种公益性服务。郭存德从内涵视角探讨了其概念，具体包括服务和提供服务行为两个方面：“其一，农村公共服务是为满足农业生产、农村发展和农民生活共同需要的，为农村居民公众利益服务的事务。其二，农村公共服务是为满足农业、农村发展和农民生产、生活共同的基本的直接需求而提供公共产品的服务。”[②] 杨振华从公益性服务的分类视角进行了分析，他指出，“按照公共服务的性质，农村公共服务可以分为纯公共服务和准公共服务。纯公共服务是指具有完全的非竞争性和非排他性的公共服务。准公共服务是指不完全具有非竞争性和非排他性的公共服务”[③]。解慧分析了公益性服务的主要内容。其具体包括：“义务教育、计划生育、优抚救济、社会保障、社会治安；文化、卫生、体育等社会事业；供水、供电、道路等公共基础设施；生态环境建设、环境综合整治；防灾减灾、气象、公共科技资源与服务、病虫害防治；行政、法律和社区服务等。”[④] 由此可见，农村公共服务可以是物质类的服务设施，也可以是无形的服务。

根据学界对农村公共服务概念的已有界定，农村公共服务概念外延包含社会服务、公共产品和公共服务以及公益性服务等方面。在借鉴学界对农村公共服务概念界定基础之上，本书认为农

① 郭伟、曹琳剑：《拓宽我国新农村公共服务设施建设融资途径之我见》，《现代财经》2009 年第 10 期。

② 郭存德：《完善农村公共服务供给机制对策分析》，《甘肃农业》2008 年第 6 期。

③ 杨振华：《农村公共服务供给困境及路径选择》，《法制与社会》2009 年第 7 期。

④ 解慧：《论新形势下的我国农村公共服务体制》，《山东省农业管理干部学院学报》2004 年第 5 期。

村公共服务是指为满足农业生产、农村发展和农民生活共同需要，由政府、企业、非政府组织、农民自治组织以及农户生产或提供的具有非竞争性和非排他性的农村公共产品和服务，它具备物质形态和非物质形态两种形式。

三　农村公共服务供给制度概念界定

学界关于农村公共服务供给制度概念界定不甚明确，大多从公共服务体系、公共产品供给制度和公共服务体制视角进行研究，具体内容如下：

（一）农村公共服务体系

学界大抵从农村公共服务体系内涵、外延及公共服务体系建设问题三个方面来分析农村公共服务体系。具体而言，一是农村公共服务体系内涵。赵京华、周素萍、张亦明、杨斌认为公共服务体系是一种管理行为。他们将农村公共服务体系界定为："从我国政府公共管理实践来说，是指各级政府对农村公共产品进行界定、确定供给标准和供给方式以及选择供给者的管理行为"[①]。而康琼则指出，"农村公共服务体系是指生产和提供农村公共服务的一套制度安排系统，包括农村公共服务的供给主体、决策方式、需求表达机制、融资机制以及公共产品生产方式等方面"。[②]彭焕才认为，公共服务体系包含一套子体系。他研究表明，"农村公共服务体系应由农村基础设施体系、农村公共教育体系、农村公共医疗卫生体系、农村公共文化体系、农村社会保障体系和农村环境治理体系 6 个子体系构成"。[③] 李欣指出，"公共服务体

① 赵京华、周素萍、张亦明、杨斌：《新型农村公共服务体系研究》，《天津电大学报》2009 年第 6 期。

② 康琼：《我国农村公共服务体系重构的力场分析》，《湖南师范大学社会科学学报》2007 年第 5 期。

③ 彭焕才：《论新型农村公共服务供给体系的构建》，《求索》2007 年第 9 期。

系是公共服务系统”。[①] 本书认为，农村公共服务体系是以农村居民和农业从业者为主要服务对象的一套保证农村经济和社会发展的全方位、多层面的政府公共服务系统的总称。

二是农村公共服务体系外延。学界依据不同标准对农村公共服务体系外延作了不同划分。李欣认为外延具体包括：“传媒信息类、教育类、社会保障类、安全类、环境类、基础设施类与社会服务类”[②]。而中共十六届五中全会通过的《中共中央关于制定国民经济和社会发展第十一个五年规划的建议》对农村公共服务类别的界定，具体包括生产发展类、生活改善类、生态保护类、管理民主类。

三是农村公共服务体系建设的主要问题。常铁威指出，“其主要问题包括基层重视不够、服务效率不高、公平性不足与满足农民需求不力等方面”。[③]

（二）农村公共服务供给制度

学界关于农村公共服务供给制度概念明确界定不多，但不乏农村公共产品供给制度及其构成要素、农村公共服务供给体制及其内容与公共服务制度安排形式等研究。

一是从农村公共产品供给制度概念界定来看农村公共服务供给制度。马怀礼指出，“农村公共品供给制度，主要是指农村公共品的供给责任、供给主体和供给渠道、组织的设置及安排”。[④] 而农村公共产品供给制度主要有以下几个要素构成：决策机制、资金筹集机制以及生产和监督管理机制。决策机制决定当公共产

① 李欣：《我国农村公共服务体系构建研究》，《地方财政研究》2007 年第 12 期。

② 同上。

③ 常铁威：《农村公共服务体系需改革创新》，《中国改革》2008 年第 9 期。

④ 马怀礼：《安徽新农村建设中的公共品供给制度的创新》，《乡镇经济》2009 年第 1 期。

品的需求通过某种方式表达出来后，供给主体依据制度、规则确定公共产品的供给数量和具体的供给方式。资金筹集机制是关于解决公共产品的资金来源及成本分摊问题的有关制度。生产和监督管理机制主要解决怎么生产、如何监督，生产后对公共产品的管理以及对农民意见的收集、整理等问题。

二是从农村公共服务供给体制概念界定来看农村公共服务供给制度。吴琦认为，“公共服务供给体制是由一系列彼此相互联系的关于公共产品与服务生产和供给方面的制度所构成的完整体系，主要包含以下内容：公共服务供给主体、公共服务供给结构、公共服务供给方式、公共服务供给对象与公共服务监管机制”。[①] 黄世贤指出，“我国公共服务供给体制已由过去的城市偏好转换到城市和农村并重”。[②] 而黄毅峰则直接界定了农村公共服务供给体制概念，他指出，“农村公共服务供给体制是指供给主体在提供农村公共服务的过程中所形成的一整套体系和制度，主要包括职责划分、组织体系、运行机制三大部分。职责划分是前提，组织体系是基础，运行机制则是保障和实现途径，三者相辅相成，自成一体，共同保障农村公共物品的有效供给”。[③]

三是从制度安排视角界定农村公共服务供给制度概念。E. S. 萨瓦斯将公共服务的制度安排划分为 10 种具体形式：“政府服务、政府出售、政府间协议、合同承包、特许经营、政府补

① 吴琦：《当前建立农村公共服务体制的重要任务——基于对公共服务体制内涵的分析》，《辽宁行政学院学报》2009 年第 2 期。

② 黄世贤：《试论我国现有农村公共服务政策》，《中国党政干部论坛》2008 年第 4 期。

③ 黄毅峰：《转型期中国农村公共服务供给体制建构的路径选择》，《福建行政学院学报》2008 年第 3 期。

助、凭单制、自由市场、志愿服务、自我服务。”[①] 贺文慧、高山指出，“农村公共服务供给制度是由多种具有关联性的规则制度所构成的一个组合或体系。这个体系包括决策规则、成本分摊制度、生产和管理制度以及使用制度”。[②] 郭建军进一步指出，“中国农村公共服务供给制度的合理安排，需进一步考虑以下几点：付费机制、激励与约束机制、问责机制、需求表达机制”。[③]

四　农村公共服务供给制度现状

（一）当前农村公共服务供给局面的制度原因

当前我国农村公共服务供给局面有其制度原因，学界就这个问题进行了相关研究。赵炳起认为，其制度原因主要体现在以下方面：“一是城乡二元公共产品供给机制不合理；二是各级政府间职权不清，财权与事权不对等；三是自上而下的公共产品供给决策机制；四是农村公共产品供给执行效率低下；五是缺乏有效的监督机制”[④]。而刘小玲、高艳梅则从公共财政制度视角进行了具体分析，他们认为，“造成我国农村公共服务短缺和供给制度不合理的原因是多方面的，从公共财政视角来分析，可以归结为以下几方面：经济建设支出比重高，挤占基本公共服务和其他方面的开支；中央政府拥有较雄厚的财力，但没有承担相应的供给责任；1994 年的分税制改革和 2003 年开始的农村税费改革引

---

① ［美］E. S. 萨瓦斯：《民营化与公私部门的伙伴关系》，周志忍等译，中国人民大学出版社 2002 年版，第 45 页。

② 贺文慧、高山：《基于委托代理理论的农村公共服务供给分析》，《技术经济》2007 年第 9 期。

③ 郭建军：《完善我国农村公共服务体制建设的政策建议》，《经济研究参考》2007 年第 36 期。

④ 赵炳起：《新农村建设中农村公共产品有效供给研究》，《经济纵横》2008 年第 11 期。

发了农村基层政府的财政短缺”。[①]

（二）我国农村公共服务供给制度局限

当前我国农村公共服务供给制度依然没有突破传统供给制度局限，具体体现在供给理念、供给主体、运行特征、供给渠道等方面，然而农村公共服务供给制度改革举步维艰，致使农村公共服务供给存在诸多不足。

一是农村公共服务供给理念存在误区。贾康、孙洁指出，“西方政府治理的理论表明，传统政府治理中的一个误区是忽视公共服务提供和公共服务生产之间的区别，进而错误地认为如果政府放弃了服务生产者的功能，它自然放弃了服务提供者的角色。公共产品的提供者不一定要充当生产者的角色，而可以运用政府采购手段完成其职责”。[②] 而我国当前公共物品的生产与提供不分，公共物品的直接生产和间接生产不分。

二是当前农村公共服务供给制度下的公共服务职责界定不清。供给主体和供给责任划分不明确。尤其是政府在农村公共服务供给中的职责不明，当前政府（尤其是中央政府）应该承担更多的农村公共产品供给的责任。吴业苗认为，“农村公共产品长期短缺虽有村庄社会内部关系上的原因，但主要是由政府行为缺位与失职造成的”。[③] 王小林、郭建军指出，“当前农村公共服务的主要供给渠道是由农户自行安排的，政府及其职能部门提供的服务不足，村集体及专业协会、企业等组织提供的服务十分有限。农民的需求缺乏有效的表达机制，同时农村公共服务的供给

① 刘小玲、高艳梅：《统筹城乡基本公共服务与完善公共财政制度探索》，《广东社会科学》2008 年第 6 期。

② 贾康、孙洁：《农村公共产品与服务提供机制的研究》，《管理世界》2006 年第 12 期。

③ 吴业苗：《农村公共产品供给主体的错位与调适》，《浙江社会科学》2006 年第 1 期。

缺乏有效的监督机制，导致未能按照农村公共服务的性质安排合理的供给制度，造成制度上的低效率”。[①] 卢洪友、张军研究表明，“在宏观层次上，政府与市场、公共部门与私人部门在公共品供给领域中职责范围缺乏科学合理的界定，政府治理公共事务的范围过宽，治理方式不尽合理。在公共品供给的纵向制度安排上，中央集权过度，地方政府的公共品供给职能难以充分有效发挥”。[②]

三是当前农村公共服务供给制度下的供给渠道单一。吴自聪、王彩波认为，“现阶段我国农村公共产品供给制度存在供给主体单一，责任不清，决策不合理及资金管理混乱、滥用、挪用等问题”。[③] 盛荣、谢冬水指出，“农村公共产品和服务的供给渠道单一，市场经济条件下的公共产品供给需要政府和各类市场主体共同参与，单纯的政府供给是低效的”。[④] 宿一兵、汤庆熹研究表明，“公共选择关注的中心是政府与社会的关系，公共选择理论认为‘没有任何逻辑理由证明公共服务必须由政府机构来提供’”。[⑤] 从运行特征上看，现行农村公共服务供给制度仍然没有突破人民公社时期指令性强制供给的弊端，相对于农民需求的变化，已不适应当前农村社会、经济发展的实际，必须积极进行创新体制的研究。

---

① 王小林、郭建军：《必须大力拓宽农村公共服务的供给渠道——农村公共服务农户调查分析》，《调研世界》2003 年第 3 期。

② 卢洪友、张军：《中国公共品供给制度变迁与制度创新》，《财政研究》2003 年第 3 期。

③ 吴自聪、王彩波：《农村公共产品供给制度创新与国际经验借鉴——以韩国新村运动为例》，《东北亚论坛》2008 年第 1 期。

④ 盛荣：《关于农村公共产品与服务研究现状的思考》，《中国农业大学学报》（社会科学版）2004 年第 3 期。

⑤ 宿一兵、汤庆熹：《公共服务理论对中国农村公共服务改革之启示》，《南农业大学学报》（社会科学版）2005 年第 12 期。

四是当前农村公共服务供给制度下的供给机制存在问题。贺文慧、高山指出，“农村公共服务供给制度的激励与约束机制的问题”。① 由于我国农村社会多层级的委托代理关系，作为委托人的农民很难通过有效的监督和激励机制来约束政府的行为。王小林、李玉珍认为，“当前中国农村公共服务，无论是市场约束还是政府约束都显得非常薄弱”。② 叶兴庆指出，“中国农村废除人民公社、推行家庭联产承包责任制，此阶段无论是供给不足，还是供过于求，都与制度外公共产品供给体制不完善有直接关系”。③ 为此，有学者认为必须优化公共服务供给机制。如曾小龙、史传林认为，“构建双向互动的服务决策体制；营造‘四住一体’的服务主体体系；建立健全对服务过程的监督制度；优化服务方式的制度安排”。④ 夏锋指出，“我们应从根本上破除城乡二元制度结构，建立城乡统一的公共服务体制”。⑤

（三）农村公共服务供给制度缺失

赵成福对我国农村公共服务供给制度缺失从总体上进行了分析，他指出，“我国农村公共服务供给在需求表达机制、决策机制、筹资机制以及生产和管理机制等方面都存在严重不足，导致农村公共产品在供给效率与供给公平上都有很大的缺陷”。⑥ 学

① 贺文慧、高山：《基于委托代理理论的农村公共服务供给分析》，《技术经济》2007 年第 9 期。

② 王小林、李玉珍：《农村公共服务的理论基础及提供机制》，《经济研究参考》2006 年第 68 期。

③ 叶兴庆：《论农村公共产品供给体制的改革》，《经济研究》1997 年第 6 期。

④ 曾小龙、史传林：《当前农村公共服务供给分析——以服务制度创新为视角》，《改革与战略》2008 年第 8 期。

⑤ 夏锋：《千户农民对农村公共服务现状的看法——基于 29 个省份 230 个村的入户调查》，《农业经济问题》2008 年第 5 期。

⑥ 赵成福：《农村公共服务体制创新：模式与路径——以河南省延津县金粒小麦合作社为实证》，《调研世界》2007 年第 8 期。

界当前主要从以下两方面进行了具体分析。

一是农村公共服务需求表达机制缺失。农村公共服务大都是由各级政府和部门自上而下决策，进行强制性供给，农户真正需要的服务提供不足，而不需要政府提供的服务却存在供给过剩。具体而言，王小林、郭建军认为，“农民缺乏对农村公共服务需求的有效表达机制，基层政府与部门又不可能准确地了解和掌握农民对农村公共服务的需求状况”。① 于慎澄指出，“我国农村公共服务供给机制是一种典型的‘自上而下’的供给决策程序”。② 孙柏昌、景国薇认为，“农村公共服务的供给是由上级的指令决定，并不是主要按乡、村基层内部的需求决定”。③ 由此造成了供需脱节，供需结构失衡。

二是问责机制缺乏。刘宇南、薛元就农村公共服务问责机制进行了具体分析，他们指出，“中央政府对地方政府缺乏有效的问责手段和方式；地方政府与服务供给者之间缺乏必要的问责机制；地方政府和服务供给者与作为服务对象的居民之间的问责关系也很薄弱”。④

（四）国外农村公共服务供给制度

构建我国农村公共服务供给制度需借鉴发达国家农村公共服务供给制度构建理念和实践经验。发达国家农村公共服务供给的市场化、社会化与均等化理念值得借鉴，改革农村公共服务供给

① 王小林、郭建军：《必须大力拓宽农村公共服务的供给渠道——农村公共服务农户调查分析》，《调研世界》2003 年第 3 期。

② 于慎澄：《我国农村公共服务供给机制问题探讨》，《理论前沿》2008 年第 20 期。

③ 孙柏昌、景国薇：《我国农村公共服务供给存在的问题及对策》，《黑龙江对外经贸》2008 年第 12 期。

④ 刘宇南、薛元：《制约农村公共服务的体制机制因素及政策建议——世界银行关于我国农村公共服务的研究》，《中国经贸导刊》2007 年第 21 期。

制度实践经验值得引进。

一是美国农村公共服务供给制度。宿一兵、汤庆熹对美国农村公共服务供给制度作了相关研究，具体包括三个方面："首先，美国已经形成了由政府、企业和社会团体多元参与并共同提供产品的农村公共服务体系。其次，美国建立农村基本公共服务供给制度的实践经验：完善的农村基本公共服务供给法律保障，重视农村基础设施建设。再次，美国公共服务理论对中国农村公共服务改革的启示：政府在农村公共服务中的主要角色是安排者，其职责是制定好的政策。"① 由此可见，农民在农村公共服务中的主要角色是消费者，其关键是形成畅通的需求表达机制。多种主体都可以成为农村公共服务的生产者，其关键是建立有效的激励和监督机制。

二是德国公共服务供给经验。国家财政应在力求使各州收入水平和社会福利接近均衡的同时，努力缩小各州之间在公共服务能力和经济发展水平上的差距。

三是印度农村公共服务供给实践。在医疗服务方面，印度的农村医疗网络很健全，1996 年以后，政府推出了社区医疗中心的规划。印度还有一点值得中国借鉴的就是"村民自治"，村民委员会的建立使人民充分参与进来，施行"自下而上"的需求决策机制。

四是韩国农村公共服务供给制度。首先，全国性的农民组织"农业协同组合"（简称农协）。其次，"新村运动"。王玲、兰庆高、于丽红就韩国"新村运动"作了具体阐述，"包括建立完备政策体系，重视农民问题；政府在财力和物力上支持农业；完

① 宿一兵、汤庆熹：《美国公共服务理论对中国农村公共服务改革之启示》，《湖南农业大学学报》（社会科学版）2005 年第 12 期。

善的健康保险制度”。①

五是欧盟国家农村公共服务供给经验。欧盟国家缩小城乡基本公共服务供给差距的经验：完善的社会保障制度；运行有序的财政支农体制；各级政府事权与财权对等；地方政府拥有相当大的自治权。

六是日本农村公共服务供给经验。解建立指出，“日本统筹城乡基本公共服务供给的经验做法：积极发挥农协作用，增强农民自立能力；重视农村义务教育和农村社会保障”。②

（五）改善农村公共服务供给的制度设计

农村公共服务供给制度设计应以多中心化理念为指导，改变传统的政府垄断供给理念，推进农村公共服务供给的市场化和社会化改革。学界不乏农村公共服务供给制度设计研究，具体如下。

一是农村公共服务社区化。王健、徐睿、陈艺指出，“公共服务社区化，有助于汇聚政府、市场、社区三者的合力，满足农村居民对服务的多样化需求”③；黄亚南、沈平认为，“应建设农村公共服务中心”。④

二是完善农村公共服务决策机制。何精华、岳海鹰、杨瑞梅、董颖瑶、李婷认为，“完善决策机制是提升农村公共服务满意度的关键环节”。⑤ 就具体决策制度而言，刘家富、索志林指

① 王玲、兰庆高、于丽红：《借鉴国外经验完善中国农村公共产品供给》，《世界农业》2008 年第 6 期。

② 解建立：《国外城乡基本公共服务供给制度安排及其对中国的启示》，《河北师范大学学报》（哲学社会科学版）2000 年第 7 期。

③ 王健、徐睿、陈艺：《统筹城乡发展视野中的农村公共服务社区化建设探索》，《四川省社会主义学院学报》2009 年第 1 期。

④ 黄亚南、沈平：《突出服务主题完善“中心”功能——通州市农村公共服务中心建设情况调研》，《江海纵横》2008 年第 6 期。

⑤ 何精华、岳海鹰、杨瑞梅、董颖瑶、李婷：《农村公共服务满意度及其差距的实证分析——以长江三角洲为案例》，《中国行政管理》2006 年第 5 期。

出，“应完善‘一事一议’制度”。[①] “一事一议”，是指在农村兴办农田水利基本建设、植树造林、修造和维护村级道路等集体公益事业时，所需要的资金和劳务要通过村民大会或者村民代表大会集体讨论、研究，实行专事专议的办法筹集部分资金和劳务。

三是农村公共服务供给制度多元化构建。姚尚花、马昊指出，构建多中心农村公共服务供给机制尤为必要，他们认为，“应实现由以往政府为主导、体制外财政为支持的农村公共物品供给制度向由一级政府、企业、乡民的多中心农村公共服务供给机制转变”[②]；叶文辉就制度多元化具体形式进行分析，他指出，“对现行的农村公共产品供给推行公办民助、民办公助、公退民进等多种形式的体制创新路径，明晰公共设施的产权，这些相关制度创新在现实中取得了较好的社会效益和经济效益”[③]；俞雅乖主张构建“民间组织供给公共服务制度”[④]；方堃认为应实现“多元公共服务供给制度的协同供给农村公共服务”。[⑤] 也有学者对此提出质疑，他们认为应理性思考。如陈朋指出，“制度外供给是造成我国农村公共产品供给严重短缺的重要原因”。[⑥] 因此

① 刘家富、索志林：《对一事一议制度供给农村公共产品的思考》，《中国科技信息》2005 年第 20 期。

② 姚尚花、马昊：《农村公共服务有效供给之道：政府、企业、乡民的多中心供给》，《内蒙古农业大学学报》（社会科学版）2007 年第 2 期。

③ 叶文辉：《农村公共产品供给制度变迁的分析》，《中国经济史研究》2005 年第 3 期。

④ 俞雅乖：《补充与合作：民间组织参与灾后农村公共服务供给的模式创新》，《经济体制改革》2010 年第 1 期。

⑤ 方堃：《城乡统筹的县域农村公共服务模式与路径探究——从“国家单方供给”到“社会协同治理”的逻辑变迁》，《天津行政学院学报》2009 年第 5 期。

⑥ 陈朋：《农村公共产品的供给模式与制度设计思考》，《教学与研究》2006 年第 10 期。

理性思考我国农村公共产品多元化供给模式，构建合理的农村公共产品供给的利益机制体系尤为必要。

四是农村公共服务的供给制度具体安排。吴自聪、王彩波指出，“完善农村公共产品供给的职责范围、需求表达机制、科学决策机制及资金管理制度，是改善我国农村公共产品供给问题的路径选择”。① 首先，完善付费机制。农村公共服务供给制度面临的第一个挑战是要重新调整付费责任在政府和个人之间的划分。其次，激励与约束机制。其一，激励机制。世界银行指出，“服务付费的具体方式会影响到公共事业单位及其管理者和职工的激励机制”。其二，约束机制。市场约束和政府约束薄弱。再次，问责机制。农村公共服务的问责机制不健全，许多农村公共服务机构对其使用的专项资金不负责任，缺少必要的问责与监督。最后，需求表达机制。实现农村公共服务投资决策程序由“自上而下”向“自下而上”转变。

综上所述，农村公共服务供给制度研究主要集中于制度概念界定、制度现状、制度缺失、国外农村公共服务供给制度借鉴及完善农村公共服务供给的制度设计等方面。本书认为，农村公共服务供给制度属于农村公共服务体系的一个方面，它是一个制度系统。当前农村公共服务供给制度存在局限，在重新界定农村公共服务供给制度概念基础上，构建切合当前农村实际的农村公共服务供给制度尤为必要。

第二节　乡村社会资本研究述评

国内外学界关于乡村社会资本研究主要集中于乡村社会资本

---

① 吴自聪、王彩波：《农村公共产品供给制度创新与国际经验借鉴——以韩国新村运动为例》，《东北亚论坛》2008 年第 1 期。

的概念界定、性质、功能和局限等方面，本书在分析社会资本概念、测量、类型、性质、功能以及研究局限基础之上分析乡村社会资本研究现状。

一　社会资本研究述评

国内外学者对社会资本研究集中于对以下问题的回应：就国外研究现状而言，罗伯特·普特南把社会资本的研究总结为对以下四个问题的回应：一是什么是社会资本；二是社会资本是否与其他资本形式一样有效用；三是如何区分好的和坏的社会资本；四是社会资本影响经济发展的机制为何。就国内研究现状而言，马得勇认为，社会资本研究应当对以下六个问题作出回应："第一，社会资本的本质到底是什么？第二，社会资本是个人的还是社会的？第三，社会资本是普遍的还是特殊的？其如何测定？第四，社会资本和制度是什么关系？第五，社会资本的影响是正面的还是负面的？第六，社会资本是救治各种社会弊病的济世良方吗？"① 围绕社会资本研究所要解决的问题，本书认为，国内外学者从概念界定、类型、作用、特性、发展趋势、测量和研究局限等维度对社会资本作了相关研究。

（一）社会资本概念界定

当前学界关于社会资本仍没有一个权威性的统一定义。学界从多学科与多维度对社会资本概念进行界定。首先，就学科基础而言，涉及社会学、经济学与政治学等学科。其次，就研究视角而言，具体包括结构、关系、认知与功能主义等视角。

就从不同学科基础对社会资本概念界定而言，其一，社会资本社会学研究视角的主要代表人物有詹姆斯·科尔曼、罗纳

① 马得勇：《社会资本：对若干理论争议的批判分析》，《政治学研究》2008年第5期。

德·博特、林南等。詹姆斯·科尔曼认为，“社会资本是个人拥有的表现为社会结构资源的资本财产，由构成社会结构的要素组成，主要存在于人际关系和社会结构之中，并为结构内部的个人行动提供便利”。① 罗纳德·博特把社会资本定义为，“网络结构给网络中的行动者提供信息和资源控制的程度”。② 而林南认为，“个人通过涉取镶嵌性资源以增强工具性行动或情感性行动中的期望回报而在社会关系中进行的投资”。③ 其二，社会资本政治学研究视角的代表人物有罗伯特·普特南、肯尼斯·纽顿等。罗伯特·普特南把社会资本定义为，“社会组织的特征，例如信任、规范和网络，它们能够通过协调和行动来提高社会效率”。④ 肯尼斯·纽顿认为，“社会资本可以用规范价值、网络、结果，这些自发产生的集体工具和资源来理解和定义”。⑤ 其三，经济学视角的社会资本理论以世界银行的部分经济学家为代表。他们的基本观点是，“社会资本能够形塑一个社会的社会互动关系的数量和质量的各种制度、关系和规范”。

就不同研究维度来界定社会资本概念而言，其一，就社会资本概念结构维度的界定而言，结构维度是指个体之间联系的模式和形态。主要代表人物包括布迪厄、朱旭峰、边燕杰、刘春荣等。布迪厄将社会资本界定为，“实际的或潜在的资源的集合

---

① ［美］詹姆斯·科尔曼：《社会理论的基础》，邓方译，社会科学文献出版社1999版，第395页。

② Burt, R., 1993, *Structural Holes: The Social Structure of Competition*, Cambridge: Harvard University Press.

③ 林南：《建构社会资本的网络理论》，《国外社会学》2002年第2期。

④ 罗伯特·D. 普特南：《使民主运转起来——现代意大利的公民传统》，江西人民出版社2001年版。

⑤ ［英］肯尼斯·纽顿：《社会资本与现代欧洲民主》，冯仕政译，载李惠斌、杨雪冬主编《社会资本与社会发展》，社会科学文献出版社2000年版，第382页。

体，那些资源是同某种持久性的网络的占有密不可分的，这一网络是大家共同熟悉的、得到公认的，而且是一种体制化关系的网络”。[①] 朱旭峰认为，“应该从结构主义的视角出发，亦即从社会网络的结构而不是以其功能来定义社会资本”。[②] 边燕杰指出，“社会资本的存在形式是社会行动者之间的关系网络，本质是这种关系网络所蕴含的、在社会行动者之间可转移的资源。任何社会行动者都不能单方面拥有这种资源，必须通过关系网络发展、积累和运用这种资源”。[③] 刘春荣认为，“社会资本在一般意义上被界定为一种嵌入于社会关系和社会结构之中的行动资源”。[④]

其二，就社会资本概念关系维度的界定而言，社会资本关系维度主要是指社会网络中人们共有的信仰和规范。这个维度衍生出来的主要概念有尊重、信任、规范、义务等。弗朗西斯·福山将社会资本定义为社会或当下特定群体中，成员间的信任普及程度。埃莉诺·奥斯特罗姆指出，“社会资本是关于互动模式的共享知识、理解、规范、规则和期望，个人组成的群体利用这种模式来完成经常性活动”。[⑤]

其三，就社会资本概念认知维度的界定而言，张勉、魏钧、杨百寅指出，“认知维度是指社会网络中人们共享的特征、解释

---

① Pierre Bourdieu, Loic Wacquant , *Invitation to Reflexive Sociology*, Chicago Press, 1992, p. 119.

② 朱旭峰：《中国政策精英群体的社会资本：基于结构主义视角的分析》，《社会学研究》2006 年第 4 期。

③ 边燕杰：《城市居民社会资本的来源及作用：网络观点与调查发现》，《中国社会科学》2004 年第 3 期。

④ 刘春荣：《国家介入与邻里社会资本的生成》，《社会学研究》2007 年第 2 期。

⑤ 埃莉诺·奥斯特罗姆：《社会资本：流行的狂热抑或基本的概念?》，龙虎编译，《经济社会体制比较》2003 年第 2 期。

和意义体系，例如共享的语言、符号、故事等”。[①]

由此可见，学界关于社会资本概念界定大抵可以总结为社会网络关系、社会规范与摄取资源能力等方面。本书认为社会资本概念已有界定存在以下缺陷：一是缺乏明确定义，界定过于宽泛；二是社会资本理论一直受到功能主义观念的困扰。本书从内涵和外延两个方面界定社会资本概念：社会资本内涵包含信任、规范、网络与制度等方面；根据社会资本结构层次，社会资本外延包括个人与组织社会资本、微观和宏观层次的社会资本。

（二）社会资本测量

社会资本测量是社会资本研究的一个重要维度。学界一般认为社会资本概念过于抽象，测量也就相对困难和复杂，学界不乏社会资本测量研究，已形成相对成熟的社会资本测量方法，但社会资本测量也存在一些问题。

一是就社会资本测量指标而言，边燕杰运用了“社会网络规模、网顶、网差和网络构成四个测量指标”。[②] 赵延东、罗家德认为，“个体层次的社会资本测量应集中于两个方面：一是对嵌入于个人社会网络之中，可以为个人所调用的资源总体的测量；二是个人在工具性行动之中所实际动用的社会资本情况”。[③] 王卫东认为，“社会资本测量涉及七个指标：网络规模、网络成员的 ISEI 均值、网络密度、网络成员中的最高 ISEI、网络成员中最高 ISEI 和最低 ISEI 的差、网络成员包含的职业类型数和单

① 张勉、魏钧、杨百寅：《社会资本的来源：工作咨询网络中心性的前因变量》，《管理世界》2009 年第 5 期。

② 边燕杰：《城市居民社会资本的来源及作用：网络观点与调查发现》，《中国社会科学》2004 年第 3 期。

③ 赵延东、罗家德：《如何测量社会资本：一个经验研究综述》，《国外社会科学》2005 年第 2 期。

位类型数”。[①]

二是就社会资本测量方法而言，从近几年国内社会学界关于社会资本的经验研究中可以看出，大部分学者基本上从社会网络的视角来定义和测量社会资本。刘林平提出了费用测量方法，细化为处理公共关系上的开支，以相对固定的形式在股份制企业中体现为非技术性的干股。林聚任、刘翠霞借鉴 Stone 和 Huges 对社会资本测量的总结，运用问卷调查和访谈法，测量乡村社会资本，主要测量指标为：“社会风气观、公共参与、处世之道、信任安全感信任、关系网络”[②]。

三是就社会资本测量问题而言，桂勇、黄荣贵认为，“其主要体现在两个方面：其一，没有评估测量工具效度；其二，测量不够全面或者测量指标与社会资本理论缺乏对应”。[③]

四是就社会资本调查内容而言，爱德华·格拉泽认为，“主要集中在两类问题上，第一类是关于诚信的问题；第二类是围绕个人所从属的非专业性组织的成员资格的问题，集中起来可以将其视为一个变量”。[④]

（三）社会资本类型

根据不同的分类标准，社会资本可以划分为不同的类型。学界关于社会资本分类大抵包括以下五个方面。林聚任、刘翠霞按社会资本的更替变迁标准对社会资本进行了分类，“社会资本可

① 王卫东：《中国社会文化背景下社会网络资本的测量》，《社会》2009 年第 3 期。

② 林聚任、刘翠霞：《山东农村社会资本状况调查》，《开放时代》2005 年第 4 期。

③ 桂勇、黄荣贵：《社区社会资本测量：一项基于经验数据的研究》，《社会学研究》2008 年第 3 期。

④ 爱德华·格拉泽：《社会资本的投资及其收益》，罗建辉译，《经济社会体制比较》2003 年第 2 期。

以分为传统型社会资本和现代型社会资本两类。它们在社会风气、公共参与、处世之道，信任安全感、关系网络等指标上分别表现为：悲观、消极、情感义务、弱、内向；乐观、积极、利益理性、强、外向”。① 国外学者大多按社会资本的层次进行分类，布朗将社会资本分为“微观层次、中观层次以及宏观层次三大类”。② 武考克将社会资本分为“整合、链合、协作、组织整合四个层次”。③ 阿德勒将社会资本分为“外部社会资本与内部社会资本两类”。④ 有学者按社会资本分类的理论框架进行分类，程民选认为，“社会资本可以划分为认知型、结构型和关系型三类”。⑤ 帕克斯顿指出，“结构型社会资本包括客观上既定的角色、社会网络和制度、规章等；认知型社会资本则是成员间主观上共享的规范、价值、信任、态度和信念等”。⑥ 还有学者按社会资本的所有主体进行分类，叶笑云认为，“社会资本可以分为个人拥有的社会资本、组织拥有的社会资本以及整个共同体拥有的社会资本”。⑦ 而赵延东、罗家德将社会资本分为“个体社会资本与集体社会资本”。⑧ 另外，有学者按社会资本属性将其分

---

① 林聚任、刘翠霞:《山东农村社会资本状况调查》,《开放时代》2005 年第 4 期。

② Brown, Thomas Ford, 1997, Theoretical Perspectives on Social Capital , Working paper , in http: //hal. lamar. edu/ BROWNTF/SOCCAP. HTML.

③ ［美］迈克尔·武考克：《社会发展与经济发展：一种理论综合与政策构架》，载李惠斌、杨雪冬主编《社会资本与社会发展》，社会科学文献出版社 2000 年版，第 301 页。

④ Adler, Paul & Kwon, Seok - Woo, Social Capital: Prospects for A New Concept, in *The Academy of Manngement Review*, Vol. 2002.

⑤ 程民选:《论社会资本的性质与类型》,《学术月刊》2007 年第 10 期。

⑥ Paxtion , Pamela, Is Capital Declining in the Unites Stated? A Multiple Indicator Assessment , in *American Journal of Sociology* , Vol. 1999.

⑦ 叶笑云:《社会资本与政府治理研究》,《兰州学刊》2004 年第 6 期。

⑧ 赵延东、罗家德:《如何测量社会资本：一个经验研究综述》,《国外社会科学》2005 年第 2 期。

为两种功能性的子类型：整合性的社会资本和链合性的社会资本。

（四）社会资本积累途径

学界关于社会资本积累途径研究主要集中于六个方面：一是国家在社会资本积累中发挥的作用。李姿姿指出，“国家在社会资本的构建中发挥着重要作用，通过与社会互补和嵌入社会，在国家和社会互动中创造社会资本”。① 刘春荣指出，“国家介入所提供的组织资源及其制度化方式，对居民区内部的社会交往和人际信任关系产生了不同的影响。在纵向行政动员的组织策略中，居民间的交往关系往往被吸纳或建制化；而国家的基层组织的网络化则提供了社会资本增生的空间和激励”。②

二是通过扩展社会网络积累社会资本。边燕杰认为，“社会网络传递比较充分的信息，沟通人情，培养和鼓励人际信任。由此可见，社会关系网络可以催生社会信任，从而积累社会资本”。③

三是根据历史——结构解释。弗朗西斯·福山认为，“应在社会内部和历史上寻求社会资本的塑造力量，认为社会资本产生于市民社会组织内部个体之间的互动。”④

四是社会资本生成的制度分析。刘春荣认为，“正如马隆尼等学者对英国伯明翰地方治理的研究所发现的，地方治理的制度

---

① 李姿姿：《国家行为与社会资本建构》，《兰州学刊》2007 年第 2 期。

② 刘春荣：《国家介入与邻里社会资本的生成》，《社会学研究》2007 年第 2 期。

③ 边燕杰：《城市居民社会资本的来源及作用：网络观点与调查发现》，《中国社会科学》2004 年第 3 期。

④ Fukuyama, F., 1995, Trust: The Social Virtues and the Creation of Prospertiy, New York: Free Press. —2000, "Social Capital and Civil Society", International Monetary Fund Working Paper WP//00//74, April. Washington. DC.

安排深刻地影响着社会资本的发展”。①

五是发展社团有助于建立人际间的互信和互惠交换的规范，从而增加社会资本。陈健民、丘海雄指出，“具体社会资本生成路径为：社团——沟通合作——平等交换规范——互信——社会资本——政经发展”。②

六是构建民众自治组织，积累社会资本。方竹兰认为，“我国社会资本积累应从构建社会资本的自组织系统做起，而民众自组织是社会资本的物质载体，社会资本积累的第二层面，培育民众之间的互相信任关系则是第三层面”。③

综上所述，社会资本积累应当发挥国家、社会网络、市民社会组织、地方治理制度、社团、民众自组织等作用。

（五）社会资本功能

社会资本功能包括积极功能和消极功能两个方面。就社会资本的积极功能而言，一是社会资本在降低交易成本、科技创新和提高组织效率中发挥着积极作用。罗伯特·普特南运用社会学之“社会资本”的概念去分析社团如何缔造人际间的信任和互惠的规范借以提高政府的绩效和促进经济的发展。社会资本的概念对制度变迁的经济绩效差异提供了一种相对合理的解释。而李华民指出，“聚合传统社会资本、重构和扩张新型社会资本成为社会转型期维系社会稳定的依赖途径”。④

二是社会资本能够超越集体行动困境，提供公共资源。如布

---

① 刘春荣：《国家介入与邻里社会资本的生成》，《社会学研究》2007 年第 2 期。

② 陈健民、丘海雄：《社团、社会资本与政经发展》，《社会学研究》1999 年第 4 期。

③ 方竹兰：《中国体制转轨过程中的社会资本积累》，《中国人民大学学报》2002 年第 5 期。

④ 李华民：《社会资本投资及制度变迁绩效》，《经济学家》2003 年第 6 期。

迪厄和詹姆斯·科尔曼所指出："社会资本是一种镶嵌于个体间关系之中的行动资源，而这种资源对公共物品的提供和集体行动的困境提供了一种解决路径"①。肯尼斯·纽顿曾指出："社会资本通过把个体从缺乏社会良心和社会责任感的、自利的和自我中心主义的算计者，转变成对社会关系拥有共同利益感的共同体的一员而构成了将社会捆绑在一起的黏合剂"②。何君安、梁忠民指出，"社会资本是社会所具有的一种矫正调节个体行为的重要手段，是解决集体行动困境的社会机制和维系社会生活的重要力量"。③ 王覃刚、冀红梅则认为，"社会资本是利他行为的社会动力学基础。社会资本有两个基本作用：一是拥有社会资本往往表现为拥有一定的社会声望，紧密的、排他性的社会关系网络本身就是一种身份标志；二是社会关系网络是社会资源分配的一个重要途径"。④

三是联合国开发计划署在《人类可持续发展》中指出，"社会资本对人类可持续发展意义重大"。

四是社会资本在经济发展中的作用。钟涨宝、黄甲寅、万江红认为，"社会资本经济功能包括：经济增长、制度变迁、劳动力转移和技术创新四个方面"。⑤ 林南将社会资本的功能概括为四个方面："其一，促进信息流动；其二，社会关系人可以对代理人施加影响；其三，社会关系资源及其被确认的与这个人的关

---

① Bourdieu, P., 1986, "The Forms of Capital", in John G. Richadson (ed.), *Handbook of Theory and Research for the Sociology of Education*, New York: Greenwood.

② ［英］肯尼斯·纽顿：《社会资本与现代欧洲民主》，冯仕政译，载李惠斌、杨雪冬主编：《社会资本与社会发展》，社会科学文献出版社 2000 年版，第 384 页。

③ 何君安、梁忠民：《论社会资本与政治系统的关系》，《政治学研究》2006 年第 3 期。

④ 王覃刚、冀红梅：《利他行为、社会资本与制度演化》，《财贸研究》2006 年第 3 期。

⑤ 钟涨宝、黄甲寅、万江红：《社会资本理论述评》，《社会》2001 年第 10 期。

系反映摄取社会资源能力；其四，社会关系被期待着强化身份和认可"。[①] 李华民具体指出社会资本的投资收益表现："其一，在宏观方面，促进制度创新与提高制度变迁效率；其二，在微观层面，个人获得能力通过所参与网络动员稀缺资源，并因此带来非正式制度收益"[②]。

就社会资本的消极功能而言，不同类型社会资本的消极功能有所不同，就个体社会资本而言，符平指出，"个体社会资本的运作尽管存在双赢的结果，一般是从一个连续的长时期来看待，但也存在大量的被支配方利益受损的现象就组织社会资本而言，社会资本被运用于一些非法组织，造成社会危害和社会不稳定"。[③] 另外，社会资本通常会排斥群体之外的他人获得为该群体所控制的社会资源。曾璨、陈宏军认为，"网络或社区的封闭性有时会阻碍成员的创新活动，共同体的成员身份对个体提出了服从要求，不利于个人自由和事业开拓"。[④]

根据以上研究回顾，本书认为，社会资本有积极和消极两方面的功能。积极功能体现在降低交易成本、解决集体行动困境、推动可持续发展、促进经济发展以及提升制度变迁效率等方面。而社会资本消极功能主要体现在个人利益受损、封闭性和导致社会不稳定三个方面。

（六）社会资本研究困境

社会资本研究困境集中于两个方面：一是社会资本理论的功能主义困境。功能主义研究视角使许多网络理论无法在社会资本

---

① Lin, Nan, 2001, *Social Capital, A Theory of Social Struture and Action*, Cambridge: Cambridge University Press.

② 李华民：《社会资本投资及制度变迁绩效》，《经济学家》2003 年第 6 期。

③ 符平：《微观社会资本研究的反思》，《南京社会科学》2004 年第 11 期。

④ 曾璨、陈宏军：《社会资本理论研究综述》，《铜陵学院学报》2007 年第 4 期。

观测上实现统一，从而引起社会资本理论的自相矛盾。回顾整个社会资本理论的发展轨迹，我们可以将其描述为不断且不彻底的“去功能主义”的过程：后面的学者总是批评前人在定义社会资本时带有功能主义色彩，但又无法最终摆脱功能主义的沉重包袱。

二是社会资本理论仍然存在着一些阻碍其学术发展的共同缺陷。张文宏在《社会资本：理论争辩与经验研究》一文中将其概括为以下三方面：“其一，多数学者只是强调了社会资本的积极作用，而对于它可能产生的消极功能甚至‘反功能’却鲜有论及。其二，社会资本理论是另一种形式的理性选择理论，因而忽视了人类行动的非预期后果、非理性后果和无理性后果的存在。其三，来自不同传统的社会资本的修正主义理论家冒着试图用太少的理论解释太多现象的危险，从而使社会资本的术语和理论有可能流于时髦，而不能成为一个严肃的知识和学术领域。”①

（七）社会资本现状

国内外学者都认为社会资本正在流失。李惠斌和杨学冬指出，“国外学者有对发达国家社会资本丧失的‘发现’的研究，如罗伯特·普特南的《独自打保龄球：美国下降的社会资本》的发表是标志性学术事件，罗伯特·普特南集中关注布迪厄提出的社会资本理论，将对关于在现代性中社会资本丧失的担心转变为经验研究”。② 赵孟营、王思斌认为，“中国城市居民社会资本有丧失的预兆：使用预兆其实是一种委婉的说法，事实上城市居民的社会资本已经在破坏和丧失之中”。③

① 张文宏：《社会资本：理论争辩与经验研究》，《社会学研究》2003 年第 4 期。

② ［英］肯尼斯·纽顿：《社会资本与现代欧洲民主》，冯仕政译，载李惠斌、杨雪冬主编《社会资本与社会发展》，社会科学文献出版社 2000 年版，第 384 页。

③ 赵孟营、王思斌：《走向善治与重建社会资本——中国城市社区建设目标模式的理论分析》，《江苏社会科学》2001 年第 4 期。

由此可见，无论西方还是中国，随着现代化逐步推进，社会资本在逐步流失之中，为此重构社会资本，发挥其积极功能尤为必要。

二 乡村社会资本研究述评

（一）乡村社会资本概念

学界关于乡村社会资本概念有以下四种经典界定，一是包先康、朱士群指出："所谓乡村社会资本是指嵌入于乡村社会关系之中，可以动用的社会资源（如熟悉、信任、乡规民约、权威等）的总和。"① 乡村社会资本有其独特的内涵：熟人关系网络、村规民约、乡土信任。二是徐双敏、罗重谱根据社会资本内涵衍生出乡村社会资本内涵。他们指出，"乡村社会资本即乡村社会网络、乡村民间组织以及体现在这种约定中的传统互惠规范、村民公共精神和乡村社会舆论，它是乡村结构型社会资本和认知型社会资本的某种组合"。② 三是刘峰对乡村社会资本概念作如下界定："村民之间普遍的信任、互惠的规范和通过自主组织所建立起来的致密的社会参与网络构成了村民合作所依赖的社会资本。"③ 四是苗月霞从社会资本分类视角来界定乡村社会资本，她指出，"根据社会资本的不同特征，可以将社会资本划分为传统社会资本和现代社会资本"。传统社会资本一般是指由传统的血缘和地缘关系衍生而成的社会信任网络，这些社会资本体现了密切的人际关系，但是相对封闭，延伸的半径小，难以超越血缘

① 包先康、朱士群：《乡村社会资本：村民小组治理的社会植被》，《人文杂志》2009 年第 2 期。

② 徐双敏、罗重谱：《新农村建设的社会资本路径探析》，《四川行政学院学报》2007 年第 6 期。

③ 刘峰：《走向乡村善治：改善我国乡村治理之多维理论考察》，《湖北社会科学》2006 年第 9 期。

和地缘载体而形成更广泛的社会资本。而现代社会资本则是以现代公民的权利和义务为基础，体现更广泛社会层面的普遍信任与合作，这是现代民主社会的特征”。[①]

（二）乡村社会资本功能

学界认为乡村社会资本功能包括积极功能和消极功能两个方面。就积极功能而言，乡村社会资本在农村经济发展中作用显著。汪小勤、汪红梅指出，“社会资本变迁能提高交易概率，同时也可能导致机会主义行为的增加。为了发挥社会资本的积极效应，避免其消极影响，必须引入正式制度”。[②] 刘峰认为，“乡村社会资本能够很好地解决乡村自主组织所面临的‘搭便车’、可信承诺与激励监督等问题”。[③] 岳成浩、薛冰研究表明，社会资本能够促进乡村社会集体行动。他们指出，“如果把农业生产合作化看成是一种集体行动，有效实现这种集体行动的途径和方法应该不是单一的。市场机制作为‘看不见的手’可以促成合作，国家权力也可以，但不管是市场，还是国家，他们发挥功能的有效性不得不依赖于一定存量的社会资本”。[④] 李佳、郑晔分析了“乡村精英中的社会资本功能”[⑤]。针对制度供给的不足，乡村精英提供了自身拥有的社会资本，这种社会资本在农村合作经济组织中具有替代政府正式制度供给的功能。一是乡村精英的社会资

---

① 苗月霞：《乡村民间宗教与村民自治：一项社会资本研究——兼论韦伯关于宗教社会功能的观点》，《浙江社会科学》2006 年第 6 期。

② 汪小勤、汪红梅：《我国农村社会资本变迁的经济分析》，《福建论坛》（人文社会科学版）2007 年第 12 期。

③ 刘峰：《走向乡村善治：改善我国乡村治理之多维理论考察》，《湖北社会科学》2006 年第 9 期。

④ 岳成浩、薛冰：《新中国合作化运动的信任模式研究——基于社会资本的视角》，《天津社会科学》2008 年第 2 期。

⑤ 李佳、郑晔：《乡村精英、社会资本与农村合作经济组织走向》，《社会科学研究》2008 年第 2 期。

本可动员相关的社会制度资源；二是乡村精英的社会资本可以弥补契约的不完备性。吴光芸指出，“乡村社会资本是乡村治理的社会资源”。[①] 乡村社会资本把微观层次的乡村居民的个体行为与宏观层次的集体选择结合在一起，以合作互利为分析前提，说明个人理性与社会理性、个人利益与社会利益能够达成统一，因而既是集体行动中农民合作的基础，也是乡村治理强有力的社会资源。李小云、孙丽指出，“乡村社会资本为农民的生计提供了有价值的资源，在一定程度上替代了传统农村社区内‘先赋’关系的功能”。[②] 另外有学者认为，乡村社会资本能够促进农村社会稳定。利用乡村民间组织，培育乡村社会资本，重建家庭秩序，改善农民养老问题，从而保障家庭和睦与社会和谐。

就乡村社会资本的消极功能而言，苗月霞认为，“传统乡村社会资本消极作用愈来愈明显”。[③] 如乡村民间宗教作为传统社会资本的一种主要形式，在乡村治理的过程中有一定的积极作用，也产生了一些消极影响。同时有学者认为，乡村社会资本并不一定能起到积极作用。研究结果发现，人情越多，并不一定社会资本越多，村民合作并不一定就更容易。

根据以上文献回顾，乡村社会资本在农村经济发展、农村社会稳定、乡村社会治理、农民集体行动、农民合作以及提供农民生计方面发挥着积极作用。但乡村社会资本也有其消极作用，如有学者认为乡村社会资本并不一定能降低交易成本。本书认为，乡村社会资本在促进农村制度变迁和提升农村制度效率方面能够

---

① 吴光芸：《培育乡村社会资本：解决农村集体行动困境的内源基础》，《广东行政学院学报》2007 年第 2 期。

② 李小云、孙丽：《公共空间对农民社会资本的影响——以江西省黄溪村为例》，《中国农业大学学报》（社会科学版）2007 年第 3 期。

③ 苗月霞：《乡村民间宗教与村民自治：一项社会资本研究——兼论韦伯关于宗教社会功能的观点》，《浙江社会科学》2006 年第 6 期。

发挥积极作用。

（三）乡村社会资本积累

学界大抵从四个方面分析了乡村社会资本积累。一是钱桂年认为，“我国乡村社会资本积累可以从培育乡村民间组织做起。国家要为农民创造横向交流的环境，大力提倡横向联合，引导和鼓励农民自发成立自己的民间组织”。① 二是赵泉民、李怡指出，“通过培育现代乡村社会关系来积累现代乡村社会资本。以血缘、地缘为人际关系初始禀赋的中国乡村，决定了社会性质必是一个熟人社会，行动逻辑起点自然就是以己为核心的差序格局社会环境下的关系取向”。② 三是苗月霞指出，“我国社会资本建构需要从两方面着手：首先，要对现有的社会资本存量进行改造，发掘传统社会资本的积极效用；其次，要利用制度创新增加现代意义的社会资本的规模”。③ 四是李军从推动力视角来研究乡村社会资本积累，他指出，“政府是社会资本的最大来源之一，政府的合法性和可信度对于社会资本的形成和增加至关重要。因为，国家不仅能够做一些积极的事情来创造社会资本，而且也能够做一些积极的事情来减少社会资本的储备的消耗”。④

因此，学界认为，我国乡村社会资本积累途径主要包括培育民间组织、乡村社会关系与发挥国家作用三个方面。本书认为乡村社会资本积累的关键是政府组织应当缩减管制范围，给乡村社

---

① 钱桂年：《利用社会资本改善农民养老问题——以甘肃省 T 村为例》，《湖北职业技术学院学报》2008 年第 3 期。

② 赵泉民、李怡：《关系网络与中国乡村社会的合作经济——基于社会资本视角》，《农业经济问题》2007 年第 8 期。

③ 苗月霞：《乡村民间宗教与村民自治：一项社会资本研究——兼论韦伯关于宗教社会功能的观点》，《浙江社会科学》2006 年第 6 期。

④ 李军：《新农村建设中的乡村精英与社会资本建构》，《山东农业大学学报》（社会科学版）2006 年第 4 期。

区、邻里社区以及乡村民间组织更大的发挥空间。

（四）乡村社会资本现状

学界不乏对乡村社会资本现状的研究。李军研究表明，“在农村最近30多年发展中，社会资本显得不足，一方面是传统社会资本逐步消融，另一方面是现代社会资本还远没有建立起来，个体原子化严重，合作能力不足”。[①] 主要表现在社会网络稀薄；宗族关系网络日趋减弱，组织能力消失殆尽；传统道德式微，社会规则无力；人际信任淡化，合作能力不足；民居建筑空间扩大，公共空间萎缩等。苗月霞认为，“我国目前正处在由传统社会向现代社会转型的过程之中，在这一时期，中国社会资本的特点是传统社会资本丰富而现代社会资本不足，农村地区的家族就是传统社会资本的典型代表”。[②] 林聚任、刘翠霞从五个方面分析了我国乡村社会资本现状，“具体包括社会风气观、公共参与、处世之道、信任安全感和关系网络五个方面，通过问卷调查和访谈法分析农村社会资本的状况。”[③] 游碧蓉、郑境辉从乡村社会资本变迁视角进行了分析，他们认为，“其变迁具体体现为人际关系基础的变迁、人际关系强度的变迁、社会网络整合方式的变迁、规范的变迁和信任模式的变迁”。[④] 李炯标、魏红英指出，“乡村社会资本是与村落家族的农耕性、封闭性、自给自足性、血缘性和心态保守性等基质密切相关的。这些基质又使得宗

① 李军：《新农村建设中的乡村精英与社会资本建构》，《山东农业大学学报》（社会科学版）2006年第4期。

② 苗月霞：《农村家族势力与村民自治运作绩效的社会资本研究》，《广西社会科学》2007年第2期。

③ 林聚任、刘翠霞：《山东农村社会资本状况调查》，《山东农业大学学报》（社会科学版）2006年第4期。

④ 游碧蓉、郑境辉：《农村社会资本变迁下的农村合作金融发展研究》，《科技和产业》2008年第10期。

族权威难以超越这种镀上利己性的差序格局。”①

由此可见，因为我国传统乡村社会资本建立在传统差序格局基础之上，随着农村经济体制改革和社会体制转变，我国传统乡村社会资本正在不断弱化和流失，同时正经历由传统乡村社会资本向现代乡村社会资本的转型，但我国现代乡村社会资本尚未完全建立起来。

第三节 农村公共服务供给制度变迁研究述评

一 制度变迁理论基础

（一）制度变迁方式

林毅夫将制度变迁划分为诱致性变迁和强制性变迁，分别指由响应制度不均衡时的获利机会自发引起的和由政策法令引起的制度变迁。制度变迁有两种基本情况：路径依赖与结构变迁。所谓路径依赖，是说由于受到各种历史经验和初始条件的影响，制度变迁往往依赖于它所特有的历史路径。邹吉忠认为，“所谓结构变迁，是指制度变迁必须真实反映现实社会生活实践的变化。制度变迁是对社会存在的反映，无论是社会经济结构的变迁，还是权力结构的改变，都会体现到制度变迁的过程中来，从而突破和断开制度变迁对原有路径的依赖，开拓和生成新的变迁路径，对此，我们可称之为结构性的制度变迁”。②

（二）制度变迁动力

诺思的制度变迁的“路径理论”认为：利益诱致是制度变

① 李炯标、魏红英：《社会资本：农村基层公共服务供给体制创新——以汕头市C村为例》，《美中公共管理》2008年第4期。

② 邹吉忠：《试论邓小平关于制度变迁与演进的思想》，《唯实》2004年第8期。

迁的根本动因。一种制度如果能使各方的利益达到最大化，人们就不会有改变这种制度的动机和要求；反之，社会对新制度的需求就会变得十分强烈。

（三）制度变迁阻力

制度变迁阻力主要体现在以下三个方面：一是对于不断变化的生活实践，制度具有相对稳定性。二是相对于不确定的社会生活来说，制度具有确定性，它构成社会生活不断变化的框架与结构。三是相对于灵活多样的生活实践来说，制度具有高度的统一性和公共性，这是制度作为公共规则约束和激励多样化生活实践所必需的。

二　我国农村制度变迁

学界大抵从农村制度变迁的立足点、变迁方式和变迁趋向三个方面分析了我国农村制度变迁。一是我国农村经济社会环境是农村制度变迁的立足点。温铁军指出，“我国农村任何过去的、现在的、将来的制度安排，其实都不过是宏观环境制约和要素结构变化的结果”。[①] 中国农村发展的必然趋势和基本模式，既不可能是外生变量决定的，也不可能移植外国的，因此，对于我国农村问题的认识只能从脚下这块热土出发，进行从理论到实践的研究。任何制度安排都是宏观条件约束的结果。

二是我国农村制度变迁方式。陈天祥认为，“中国的制度变迁是政府主导型和渐进式的制度变迁”。[②] 政府主导主要表现在由政府设置制度变迁的基本路向和准则、实施制度供给、限制微观主体的制度创新活动和促进诱致性制度变迁的发生。而渐进性则主要表现在从增量改革逐渐向存量改革过渡、从局部改革逐渐到整体性推进和先易后难的变迁进程。

---

① 温铁军：《重新解读中国农村的制度变迁》，《理论视野》2004 年第 1 期。

② 陈天祥：《论中国制度变迁的方式》，《中山大学学报》2001 年第 3 期。

三是我国农村制度变迁趋向。由传统绝对主权观念向多中心协同治理观念转变带来的制度变迁，是新制度主义理论中的重要组成部分。新制度主义认为，制度变迁不是泛指制度的任何一种变化，而是特指一种效率更高的制度替代原有的制度。制度变迁的动力在于作为制度变迁的主体——“经济人”的“成本—收益”计算。主体只要能从变迁预期中获益或避免损失，就会去尝试变革制度。制度供给、制度需求、制度均衡与非均衡形成了整个制度变迁的过程。制度的供给是创造和维持一种制度的能力，一种制度供给的实现也就是一次制度变迁的过程；制度的需求是指当行为者的利益要求在现有制度下得不到满足时产生的对新的制度的需要。制度的变迁首先是从制度的非均衡开始的。

通过分析我国农村制度变迁的相关研究，我们可知农村制度变迁受农村具体制度环境的影响和宏观环境的约束。我国农村制度变迁经历了由强制性变迁为主诱致性变迁为辅向诱致性变迁为主强制性变迁为辅的转变。

三　农村公共服务供给制度变迁

学界关于农村公共服务供给制度变迁历程研究，着重于1949年后的农村公共服务供给制度变迁，而关于我国古代农村公共服务供给制度变迁研究存在不足。就我国古代农村公共服务供给制度而言，叶文辉指出，“在漫长的农业社会时期，乡村社会一直延续（建立在宗族制度基础之上的）公共产品自我供给的体制。农村公共产品供给一直沿袭着与乡绅治理制度相适应的供给制度，乡绅对乡村社会公共秩序维护和公共设施建设等公共产品的低水平供给起着重要的作用”。[①] 而王谦认为，“中央政府

① 叶文辉：《农村公共产品供给体制的改革和制度创新》，《财经研究》2004年第2期。

组织提供的、占主导地位的供给形式，以及以民间自组织形式存在的私人补充性供给，农村基层政府的作用只是到了小农经济时代的末期才逐步凸显”。[①]

就新中国成立至家庭联产承包责任制之前农村公共服务供给制度而言，1949 年中国共产党执政后，对乡村社会进行了史无前例的资源整合和政治结构改造，农村社会的自主性丧失殆尽，1958 年的人民公社化运动，使乡镇政府被“政社合一”的人民公社所取代。人民公社时期（1958—1978 年改革），农村公共产品的供给依靠一种以劳动力替代资本的方法，由政府动员并组织劳动力承担灌溉、防洪、水土改良等密集型投资项目。农村公共服务的供给是一种制度外供给，农村居民对公共服务的消费以“自给自足”的方式为主。农村公共服务的供给主体限于县级人民政府、人民公社、村级生产大队、生产小队等公共权力组织，决策方式“自上而下”，即由公共权力组织的领导者做出生产安排。农村公共服务需求表达机制也较为简单，主要是由公共权力代理者通过简单调查再代为表达。康洪指出，“在融资机制方面，农村公共服务供给体系资金来源既有财政渠道，又有集体经济组织（制度外财政）渠道，并且以后者为主”。[②] 施威、王思明认为，“制度外筹资是指没有纳入到正规财政体制范畴内的乡村社区公共产品筹资方式，它在公社时期无疑占有极为重要的位置”。[③]

就家庭联产承包责任制以后的农村公共产品和公共服务供给制度而言，农村公共产品的供给则通过制度外财政为主的公共资

① 王谦：《农村公共服务供给不足与政府支农政策有效性的实证分析》，《山东经济》2008 年第 9 期。

② 康洪：《论我国农村公共服务多元化的有效供给》，《湖南财经高等专科学校学报》2008 年第 4 期。

③ 施威、王思明：《农村公共产品供给机制变迁的历史困境及其突破》，《中国农史》2007 年第 3 期。

源筹集制度和“自上而下”的制度外公共产品供给决策机制来实现。随着人民公社和生产大队的解体，农村公共服务供给主体变为各级政府，尤其是1988年中央编委办将“三农”服务机构下放给乡镇实行块块管理为主后，乡镇政府逐步成为农村公共服务供给的主要责任者。康洪指出，“这一时期的公共服务供给的决策方式仍是‘自上而下’的模式”。①

就税费改革后的农村公共产品和公共服务供给制度而言，陈永新认为，“其一，税费改革后的乡（镇）级财政运转困难，大大降低了其供给公共产品的能力。其二，税费改革后的‘一事一议’也难以负担起供给公共产品的重任”。② 分税制的推行，乡镇政府供给公共服务的资金短缺。再加上“费改税”以及随后的免除农业税使基层政府供给公共服务的财政能力更为削弱，直接造成后农业税时代农村公共服务严重短缺的局面。

就无农税时代农村公共服务供给制度而言，赵聚军指出，“在无农税时代，乡镇政府角色尴尬，演变的总体趋势是由纯粹的‘汲取型’政府逐步向以提供公共服务为主要职责的服务型政府转变。然而乡镇政府在农村公共服务供给职能却逐步式微，农村公共服务供给制度逐步多元化”。③

通过分析我国农村不同时期农村公共服务供给制度，可以得知我国农村公共服务供给制度变迁经历了农民自我供给、政府供给为主私人供给为补充、集体供给、制度外供给、基层政府供给弱化、供给多元化的转变。

---

① 康洪：《论我国农村公共服务多元化的有效供给》，《湖南财经高等专科学校学报》2008年第4期。

② 陈永新：《中国农村公共产品供给制度的创新》，《四川大学学报》（哲学社会科学版）2005年第1期。

③ 赵聚军：《农村公共服务体系演进中的基层政府定位》，《人文杂志》2009年第1期。

第四节　乡村社会资本与农村公共服务供给制度关系研究述评

一　乡村社会资本与农村公共服务供给

学界从乡村社会资本在农村公共服务供给中的作用和乡村社会资本在促进农民合作两个视角分析了乡村社会资本与农村公共服务供给之间的关系。一是重构乡村社会资本，保障农村公共服务供给。李炯标、魏红英认为，“在农村公共服务供给上，我们通过对乡村社会资本这一非制度性因素的研究和挖掘，培育和强化乡村社会资本在乡村治理中的重要作用的同时，更应该从激发和培育公民的公共精神、增强农民的共同体意识和培育乡村民间组织等方面入手，用现代公民文化促使其转型，向着更开放、更理性的方向发展和完善，这样才能从根本上保证公共服务供给和乡村治理的‘善治’”。①

二是乡村社会资本能够促进农民之间的合作。吴光芸认为，“乡村社会资本即农民长期相互交往形成的关系网络、组织以及体现于其中的信任、互惠、宽容、同情、团结，它们能够促进农民合作”。② 根据乡村社会资本拥有主体的差异，我们可以从微观、中观和宏观三个维度对其进行考量。事实上，上述三个层次的社会资本在很多情况下相互交叉、相互依赖，在农民合作以及乡村治理中发挥着重要影响。

农村公共服务供给需要实现乡村社会资本从传统型乡村社会

---

① 李炯标、魏红英：《社会资本：农村基层公共服务供给体制创新——以汕头市 C 村为例》，《美中公共管理》2008 年第 4 期。

② 吴光芸：《社会资本理论视角下的农民合作——农村公共服务供给的一种途径》，《学习与实践》2006 年第 2 期。

资本向现代型乡村社会资本转变，乡村社会资本重构能够解决农民集体行动困境，促进农民间合作，超越农村公共服务供给困境。

二　乡村社会资本与农村公共服务供给制度变迁

学界从农村制度变迁维度来分析乡村社会资本与农村公共服务供给制度变迁的内在逻辑关系。一是乡村社会资本、非正式制度与农村制度变迁。其一，非正式制度是人们在长期交往中无意识形成的，由价值信念、伦理规范、道德观念、风俗习惯和意识形态等因素组成，而意识形态是核心，并完全可以（甚至就是）成为正式制度安排的理论基础和思想理论准则。其二，农村中的非正式制度。与农村制度变迁有密切关系的非正式制度安排有许多。主要涉及以下两方面：一方面，家族意识是家族成员对本家族的认同感，家族成员之间的相互信任、亲近及关怀意识；另一方面，中国著名社会学家费孝通认为我国农村社会存在着一种被称作"差序格局"的特征。其三，农村非正式制度与农村强制性制度变迁的关系。格兰诺韦特认为，"正式制度不能产生信任反而是信任的功能性替代"，是社会规范支持信任的出现。那么，对于农村强制性制度变迁来说，农村非正式制度是否支持信任的出现将决定制度变迁的顺利与否。钱忠好认为，"任何制度变迁和创新都是以既定的制度遗产为基本背景"。[①] 由于非正式制度安排的演变是一个长期渐进累积的过程，因而会发生即使正式制度安排已经发生了变迁，非正式制度安排仍有可能顽强地发挥着作用的情形。崔万田、周晔馨指出，"正式制度安排与非正式制度安排之间有着一种互动的和谐关系，一方面，非正式制度

---

① 钱忠好：《中国农村社会经济生活中的非正式制度安排与农地制度创新》，《江苏社会科学》1999 年第 1 期。

的安排会促使正式制度安排的出现，同样，正式制度也为非正式制度的稳定和改进提供条件；另一方面，正式制度必须与非正式制度保持目标的一致性，才能保持其稳定性”。①

二是乡村社会资本与农村公共服务制度变迁。彭焕才指出，“关于农村公共服务制度变迁，我们可以从生产、提供、消费三个方面的制度变迁进行具体分析，而制度变迁模式，跟乡村社会资本相关，或者说我们应当更加关注乡村社会资本在其中的作用”。②

制度变迁很大程度上得益于社会资本积累，社会资本为制度变迁提供动力机制。农村公共服务供给制度变迁应该考虑乡村社会资本作用。从社会资本作为一种非正式制度研究视角出发，乡村社会资本在农村公共服务供给制度变迁效率和制度效率提升起到积极作用。

第五节 乡村社会资本与制度效率关系研究述评

本书认为，乡村社会资本不仅能够推动农村公共服务供给制度构建，而且能够提升农村公共服务供给制度效率。而社会资本与制度效率关系研究是乡村社会资本与农村公共服务供给制度变迁效率及制度效率研究的理论基础，因此下文从社会资本、制度变迁与经济发展、社会资本与制度变迁效率以及社会资本与制度效率三个方面评述相关研究。

---

① 崔万田、周晔馨：《正式制度与非正式制度的关系探析》，《教学与研究》2006 年第 8 期。

② 彭焕才：《城乡统筹发展中新农村公共服务体制建设》，《云南行政学院学报》2009 年第 4 期。

一　社会资本、制度变迁与经济发展

学界认为，社会资本能构建并促进经济发展。一是社会资本概念通过解释经济个体如何实现合作并克服集体行动困境来解释制度变迁的经济绩效。埃莉诺·奥斯特罗姆认为，“社会资本是关于互动模式的共享知识、理解、规则、规范和期望，个人组成的网络群体能够利用这种模式来完成经济活动，通过嵌入社会资本可以降低交易成本，弱化搭便车行为，保护产权，提高经济绩效”。[①] 李惠斌引用简·弗泰恩和罗伯特·阿特金森观点指出，“在新经济中，社会资本已经成为科技创新的一个关键因子，而科技创新是作用于经济增长的首要因素”。[②] 徐淑芳指出，“作为社会资本核心因素的信任对经济绩效具有显著的影响，信任能够促进经济增长和提高生产效率”。[③] 莱克和基费利用世界数值调查，实证考察了社会资本对经济绩效的影响，他们运用29个市场经济国家的调查资料进行分析，从中得出了重要结论：信任与民间合作较强的国家能有效地保护产权和契约权力，并发现信任对贫穷的国家来说更为重要。

二是社会资本通过促进制度变迁来推动经济发展。谢冬水认为，“社会资本通过影响产权制度，从而影响经济增长”。[④] 产权制度是决定经济增长的关键；社会资本是影响产权制度的重要因素；特定社会的社会资本形态是决定其产权制度安排、推动经济

① ［美］埃莉诺·奥斯特罗姆：《社会资本：流行的狂热抑或基本的概念?》，龙虎编译，《经济社会体制比较》2003年第2期。

② 李惠斌：《社会资本与社会发展引论》，《马克思主义与现实》2000年第2期。

③ 徐淑芳：《信任、社会资本与经济绩效》，《学习与探索》2005年第5期。

④ 谢冬水：《社会资本、产权与经济绩效》，《中共宁波市委党校学报》2010年第2期。

发展的主要动力。社会资本是影响产权制度安排的重要因素，产权制度的选择植根于特定环境的社会资本之中。诺斯明确地将社会资本纳入了制度经济学的分析范畴，他认为意识形态在社会中扮演着重要角色，意识形态是一种节约机制，它使人们被一种世界观所引导，成功的意识形态能克服搭便车问题，促进人们不再按照有关成本收益简单的、享乐主义的和个人主义的计算来行事，从而降低交易成本。

三是社会资本通过提升组织成员合作效率来促进经济发展。日裔美国学者弗朗西斯·福山从经济发展和社会繁荣方面研究了社会资本，他认为，社会资本是一个群体成员共同遵守的、促进相互合作的一套非正式价值观和行为规范。他在《信任：社会道德与繁荣的创造》一书中指出，"在成员之间互相信任程度较高的社会里，经济运行的交易成本将大大降低，正式制度的缺陷也可以得到有效弥补，这些都为社会经济的繁荣提供了必要条件"。[①] 罗云恒认为，"社会资本具有一些基本功能，宏观上来说，社会资本能够在社会群体中形成和维持多边合作博弈、在一定程度上摆脱囚徒困境，因而能够起到降低交易成本、提高社会效率的作用。微观上来讲，社会资本可以有利于改善政府绩效，有利于鼓励技术创新，有利于提高企业经济效益，有利于改进社区治理等"。[②] 而叶琳娜指出，"社会资本至少通过两条不同路径作用于经济增长：其一，社会资本作为资本的一种形式直接作用于经济增长；其二，社会资本表现为非正式制度的形式，通过影

---

① Fukuyama, F., *Trust: The Social Virtues and the Creation of Prospertiy*, New York: Free Press, 1995.

② 罗云恒：《社会资本对公共政策过程的影响》，《上海行政学院学报》2008年第1期。

响参与人的激励、预期和行为来影响增长”。[①]

由此可见，社会资本已成为促进经济发展的间接或者直接动力，主要体现在降低交易成本，形成激励和约束机制，作用于正式制度等方面。

二　社会资本与制度变迁效率

学界从不同维度分析了社会资本与制度变迁效率的关系。一是社会资本是制度变迁的一个重要影响因素。何圣东指出，“在西方个人本位的社会中，个人及其自愿组成的团体获得了充分的发展，处于重要的地位，家庭的作用很小、地位较低，个人的行为不遵守像东方社会那样繁琐的家庭伦理，家庭的兴衰荣辱影响不大”。[②] 美国家族企业率先实现向现代企业制度的转变，除了技术和市场因素之外，很大程度上归功于薄弱的家族文化传统和丰富的社会信任资本。有学者指出，社会资本是制度变迁轨迹中关键的一环，已经模拟出由于社会资本的积累而引发的制度变迁轨迹：没有新的观念，不会有新的制度；没有正确的观念，不会有合理的制度。陆铭、李爽研究表明，“社会资本是制度变迁的动力机制。社会资本通过影响不平等，从而成为制度变迁的动力机制”。[③]“权力持续、精英循环”理论认为，在转型社会中，现有的社会关系网络与政治权力会嵌入市场经济中，并显性化为获取资源的优势，因而传统的权势拥有者在渐进转型的过程中将继续主导资源的配置。

① 叶琳娜：《社会资本、制度与经济发展》，《湖北经济学院学报》2006 年第 1 期。

② 何圣东：《家族传统、社会资本与家族企业的演化》，《中共中央党校学报》2003 年第 2 期。

③ 陆铭、李爽：《社会资本、非正式制度与经济发展》，《管理世界》2008 年第 9 期。

二是社会资本与制度变迁效率。世界银行前副行长斯蒂格利茨认为，基于社会资本的制度变迁是中国改革成功的基础。李华民认为，“中国制度变迁效率的保持和提高，一方面依赖于正式制度的不断创新，另一方面依赖于传统社会资本的重新聚合与新型社会资本的构建，进而解除社会资本的缺失对经济社会制度变迁效率的闭锁”。[①] 郭贤指出，“社会资本丰厚地区，社会信任和规范塑造了民众的合作精神和集体意识，而广泛的社会网络和民众的参与意识又强化了这种信任，正是这种相互信任和集体合作成为制度变迁的极大推动力”。[②]

三　社会资本与制度效率

学界就社会资本与制度效率之间的逻辑关系从以下三个视角进行了分析。一是社会资本的内在特质促进了制度效率。陈郁认为，“寓于公民社群的社会资本之所以促进制度效率，是因为社会资本作为参与一定网络的个体之间的相互信任关系，能够帮助公民群体成员达成公共利益共识，成为遵守制度（或说契约）的助力器，最终使集体行动避免陷入‘集体行动的困境’”。[③] 谢冬水指出，“社会资本提升社会信任，从而提升制度效率”。[④] 当各方都以一种信任、合作与承诺的精神来把其特有的技能和财力结合起来时，就能得到更多的报酬，能提高生产率。缺乏诚信是经济落后的原因之一，在没有诚信的情况下，交易成本非常高，

---

① 李华民：《社会资本投资及制度变迁绩效》，《经济学家》2003 年第 6 期。

② 郭贤：《社会资本、制度变迁与东北地区竞争力分析》，《管理观察》2009 年第 14 期。

③ 陈郁：《译者的话》，载奥尔森《集体行动的逻辑》，上海三联书店、上海人民出版社 1995 年版，第 7 页。

④ 谢冬水：《社会资本、产权与经济绩效》，《中共宁波市委党校学报》2010 年第 2 期。

产权得不到有效保护，互利合作的机会将会消失。刘灿、金丹在《社会资本与区域经济增长关系研究评述》一文中指出，“扎克与莱克提供了一个异质群体交易面临的道德风险问题的一般均衡模型，他们认为低的信任环境会减少投资率和增长，而高信任对经济增长具有促进作用”。①

二是社会资本作为一种非正式制度能提升正式制度的效率。王廷惠认为，“非正式制度是制度体系不可或缺的构成内容，是正式制度产生、发展和有效运行的前提，是社会资本的核心内容。作为社会资本的非正式制度是决定经济绩效的关键变量，对经济发展具有不可低估的作用”。② 柯武刚、史漫飞把习惯、内在规则、习俗和礼貌等群体内随经验而演化的规则定义为内在制度，显然，这种内在制度可以用社会资本来解释。同时他们研究表明，内在制度能使极其棘手和复杂的情形变得井然有序，它鼓励反射式服从并能得到很高程度的遵守，从而使人们免受本能的、短视的机会主义之害，减少社会成员的协调成本和冲突。制度、社会资本与制度绩效之间存在着双重路线的复杂的因果关系：制度始源于人有目的的行为设计；社会资本作为社会活动的产物，既孕育于制度之中，又对制度起着重要影响，并最终影响制度绩效；制度决定着制度绩效的走向，制度绩效发展的快慢受到了社会资本的影响。

三是社会资本与制度效率的实践经验研究。燕继荣认为罗伯特·普特南研究社会资本与制度绩效的关系，以分析说明意大利南部与北部的差异被认为既有创见又极具说服力。罗伯特·普特

---

① 刘灿、金丹：《社会资本与区域经济增长关系研究评述》，《经济学动态》2011 年第 6 期。

② 王廷惠：《非正式制度、社会资本与经济发展》，《开放时代》2002 年第 3 期。

南从治理模型来界定制度绩效的各个环节：社会需求、政治互动、政府政策、选择实施。赵武、木子澶指出，“中国三十多年经济社会体制改革所取得的相对成功，被认为是制度渐进变迁的绩效结果。中国渐进改革模式中所推行的对物质资本权利的调整，作为正式制度安排转换，之所以能够产生效率，可在社会资本范畴内得以解释”。①

制度绩效源于制度渐进的变革，而社会资本是制度变迁的重要推动力，同时是制度实施的执行力。另外其还直接作为一种非正式制度作用于正式制度，提升正式制度绩效。

小　结

通过对农村公共服务本章供给制度与乡村社会资本相关问题研究现状回顾，本书认为，农村公共服务供给制度与乡村社会资本相关研究成果丰富，但其研究依然存在着诸多不足。具体包括两个方面：第一，就研究内容而言，一是农村公共服务供给制度研究侧重于概念界定、制度现状、制度设计、制度变迁历程等方面，缺乏探讨破解农村公共服务供给制度的供给困境、探求影响制度变迁效率因素以及探索提升制度效率途径等方面的研究。二是乡村社会资本研究集中于探讨乡村社会资本概念、功能与积累等方面，研究局限在于乡村社会资本与制度构建、制度变迁效率及制度效率关系研究相对不足。三是乡村社会资本与农村公共服务供给制度构建、变迁效率以及制度效率研究不足。第二，就研究方法而言，已有农村公共服务供给制度与乡村社会资本相关研究偏重于理论上的逻辑推演，实证研究不足。因此，本书认为应

① 赵武、木子澶：《社会资本投资、制度变迁绩效与分配理念转换》，《生产力研究》2004 年第 9 期。

从两方面破解目前农村公共服务供给制度研究局限。一是加强农村公共服务供给制度与乡村社会资本的整合研究，拓宽农村公共服务供给制度研究范围。二是加强农村公共服务供给制度与乡村社会资本的实证研究，拓展农村公共服务供给制度的研究方法。

第三章　我国农村公共服务供给制度变迁

我国农村公共服务供给问题实质是农村公共服务供给制度及其效率问题，而当前农村公共服务供给存在制度供给不足及制度效率低下问题，为此创新农村公共服务供给制度尤为必要。为构建切合我国农村实际的公共服务供给制度，首先应当把握我国农村公共服务供给制度变迁历程及其变迁价值取向。故而，本章从理论和实践两个方面进行具体分析：一是从理论上分析我国农村公共服务供给制度变迁历程及其变迁价值取向；二是从实践上探讨安徽省农村公共服务供给制度变迁。

第一节　农村公共服务供给制度变迁历程

农村公共服务供给制度创新建立于对农村公共服务供给制度变迁历程分析基础之上。为此，下文具体分析我国古代、民国和新中国三个阶段农村公共服务供给制度变迁历程。

一　古代农村公共服务供给制度

当前学界鲜见有关我国古代农村公共服务供给制度的系统分析，大多研究只停留在某一视角。如李燕凌简要分析了古代农村公共服务供给制度特征，她指出我国封建社会农村公共品供给管理制度十分落后，供给范围狭窄，供给效率低，筹资方式单一。

为突破当前关于古代农村公共服务供给制度研究局限，本书从古代农村公共服务供给主体、决策制度、筹资制度、分配制度、监督制度和问责制度等视角对古代农村公共服务供给制度进行系统分析。

第一，古代农村公共服务供给制度供给主体。根据所供给的农村公共服务规模大小，其供给主体有所区别。其一，就大规模农村公共服务供给而言，由于规模大，社会供给主体和个体农户因财力、物力及人力的限制，各级政府为供给主体。如大型水利工程建设和道路建设。其二，就小规模农村公共服务供给而言，由于社会供给主体和个体农户更了解农村公共服务供给需求，而且有能力自主实行小规模公共服务供给，其供给主体为农村社会宗族组织和个体农户。如在农村教育和农村水田灌溉设施等农村公共服务供给上，农村社会宗族组织充当着供给主体角色。正如郑玲玲指出，“宋朝以前，由于行政区域归属纷繁的变更使得政府无暇顾及兴修水利，至宋以后，东莞立县，随着行政区域和行政管辖权的确定，政府才得以兴修水利。封建社会经济以一家一户式的小农经济为主，因此很难组织起来共同修建水利设施。有时村民们为了田地排灌会自发组织修建一些蓄水池，引水的小水渠，拦截山溪的小坡头等等，但这些都是很小的水利设施”。①

第二，古代农村公共服务供给决策制度。根据农村公共服务供给规模，大规模农村公共服务供给，采取“自上而下”的决策形式；而小规模的农村公共服务供给采取农民参与公共服务供给决策形式，是一种更能了解农村公共服务实际需求的农民自主决策形式。

第三，古代农村公共服务供给筹资制度。就大规模农村公共服务供给而言，资金主要来自于国家的财政拨款，而小规模农村

① 郑玲玲：《从史志档案看东莞古代水利建设》，《城建档案》2002 年第 5 期。

公共服务供给，其资金来源于族田收入，如农村家族的“三福田”形式，或者来自于农村区域范围内的农民联合出资。郑玲玲认为，“东莞古代修堤筑渠的人力、财力、物力的来源大致有五种：一是官府拨钱、粮、征集民工；二是按受益面积、人口来派工与筹银；三是大家倡议，集体投工，这种方法一般用于较小的工程；四是家族性的修筑；五是捐赠券资，有钱出钱，有力出力”。①

第四，古代农村公共服务供给分配制度。其一，就大规模农村公共服务而言，按照其所在公共服务区域而享用所供给的农村公共服务，如大型水利工程和道路建设，行政区域内的农村居民皆有权享用；其二，就小规模农村公共服务而言，其分配主体为农村宗族族长，其根据农村公共服务出资额来分配农村公共服务。

第五，古代农村公共服务供给监督制度。其一，因大规模农村公共服务供给主体为各级政府，其供给过程和供给效率受到其上级政府部门和相关组织的监督，他们向上级部门负责，上级部门将其公共服务供给效率作为其政绩评判标准；其二，就小规模农村公共服务供给而言，其供给主体为农村宗族组织，农村公共服务供给过程和供给效率受到宗族族长和当地居民监督。

第六，古代农村公共服务供给问责制度。其一，就大规模农村公共服务供给而言，古代没有正规的问责机构和问责程序。一般而言，下级政府向上级政府部门负责，相关专业部门和上级政府部门向其委托的下级政府部门问责，公共服务供给效果一般作为政绩考核标准，但问责没有实现制度化，因而问责程度低。其二，就小规模农村公共服务供给而言，问责主体为农村社会宗族族长和当地农户，公共服务供给主体直接问责公共服务供给者，

① 郑玲玲：《从史志档案看东莞古代水利建设》，《城建档案》2002 年第 5 期。

且问责主体与问责客体同处紧密的乡村社会关系网络之中，易问责。

二　民国时期农村公共服务供给制度

第一，民国时期农村公共服务供给主体。此时期农村公共服务供给主体大抵包括保甲自治组织、农林部、地方政府与乡村绅士。其一，保甲自治组织。如梁方仲认为，“国民政府时期国家行政权力下沉到乡镇，乡镇才正式成为全国一级的政权单位，区基本上作为一级准行政层次，乡以下有保甲自治组织，全面负责乡村公共产品供给等公共事务管理”。① 其二，农林部。李燕凌指出，“如马寅初将农村公共品生产部门尽数归入‘农林部管辖各局的农林渔牧等事业’”。② 其三，地方政府与乡村绅士。李德芳指出，“民国时期进行乡村自治尝试，如‘在乡村自治制度下，直隶翟城村的卫生与交通建设得到改善。其中规定平治道路由各区区长负责，公共卫生由村卫生所负责’”。③

第二，民国时期农村公共服务供给筹资制度。其一，民国时期尚未形成完整的乡镇财政制度。其二，国家银行贷款。裴庚辛、郭旭红指出，“民国时期甘肃河西地区的水利建设主要集中在抗战时期，主要资金来源是国家银行的贷款”。④ 其三，村庄自筹资金。马若孟、史建云利用 1939 年至 1943 年华北地区农村调查的资料，详细描述了农村村庄自筹资金组建社团，由这一社团对土地课税，这一增加资金的方法很快成为交纳村庄摊款和维

① 梁方仲：《明代粮长制度》，上海人民出版社 2001 年版，第 7 页。

② 李燕凌：《我国农村公共品供给制度历史考察》，《农业经济问题》2008 年第 8 期。

③ 李德芳：《民国乡村自治问题研究》，人民出版社 2001 年版，第 31 页。

④ 裴庚辛、郭旭红：《民国时期甘肃河西地区的水利建设》，《西北民族大学学报》（哲学社会科学版）2008 年第 2 期。

持村庄寺庙、供应村学以及进行其他任何需要资金的活动的主要手段。

第三，民国时期农村公共服务供给决策制度。民国时期农村公共服务供给决策形式以政府“自上而下”模式为主导。如万振凡、肖建文指出，“1934 年国民党在江西开展了农村服务运动。当时的民国江西农村工作者，从管教养卫四个方面开展农村服务工作，探索出了一套以政府主导、服务农村为特点的传统乡村社会改造模式，力图从多方面推动江西农村社会的现代化”。①

第四，民国时期农村公共服务供给生产制度。其一，民国时期农村公共服务生产主要是由政府下设专业机构来完成。如裴庚辛、郭旭红指出，“1930 年甘肃水利事业由省政府下设的工务处负责，1940 年 4 月甘肃水利林牧公司成立后，受省政府委托承办全省水利事业。1941 年河西被列为全国水利重点开发区后，又陆续设立河西水利 9 机构。1943 年河西水利划分为酒泉、张掖、武威、安西四区，每区设工作站一处，分区主办水利业务”。② 其二，乡村自治制度下的社会力量。如朱考金、王思明认为，“民国时期，北夏实验区民众教育以民众学校作为施教机关，从文字、公民、生计、健康、休闲娱乐五方面全方位展开”。③

第五，民国时期农村公共服务供给监督制度。根据农村公共服务生产主体不同，其监管制度也有所不同。其一，各级政府及

① 万振凡、肖建文：《建国以来中国农村制度创新的路径研究》，《江西社会科学》2003 年第 1 期。

② 裴庚辛、郭旭红：《民国时期甘肃河西地区的水利建设》，《西北民族大学学报》（哲学社会科学版）2008 年第 2 期。

③ 朱考金、王思明：《试论民国时期民众教育的实践——以北夏实验区为例》，《南京农业大学学报》（社会科学版）2007 年第 4 期。

其下属事业单位作为供给主体。中央政府监督各级地方政府，地方政府监督其所委托事业单位；其二，乡村自治组织作为供给主体。一是在乡村保甲制度背景下，由保长监督农村公共服务供给；二是在民国乡村建设运动过程中，农村公共服务供给施行自治组织内部监督。

三　新中国农村公共服务供给制度

第一，新中国成立初期农村公共服务供给制度。从 1949 年到 1956 年，伴随着中国社会性质与政治力量发生的重大变化，我国在经济上出现了国营经济、合作社经济、私人资本主义经济、个体经济、国家资本主义经济等五种主要经济成分并存的状况。在多种经济制度背景下，我国农村公共服务供给制度也呈现多元化特点。一是农村公共服务供给主体多元化，主要是各级政府与农村社会组织。二是农村公共服务生产制度。大规模农村公共服务由各级政府及其委托机构生产；小规模农村公共服务由农村社会组织生产。三是农村公共服务筹资制度。主要包括政府财政拨款和农村自筹资金。四是农村公共服务监管制度。主要是上级政府对下级政府及其委托专业单位监督。但在多元化的农村公共服务供给制度中，以政府供给制度为主，其他农村公共服务供给制度为辅。

第二，人民公社时期农村公共服务供给制度。一是农村公共服务供给主体。具体包括各级政府、公社以及生产大队。二是农村公共服务供给决策制度。政府是农村社会一切社会事务和经济活动的组织者和决策者，采取“自上而下”的决策形式。政府通过行政命令的方式直接调配各种资源，对农村基础设施等公共服务实行统一管理。三是农村公共服务供给筹资制度。卜晓军认为，“主要是以集体经济组织渠道为主，称之为公社的制度外筹资；还有国家的财政供给，称为制度内渠道”。[①] 四是农村公共服务供给激励约束机制不完善。

第三，家庭联产承包责任制实施到农业税取消前的农村公共服务供给制度。一是农村公共服务供给主体多元化，包括政府、社会组织、农村自治组织和农户等方面。二是农村公共服务供给决策制度。各级政府推行“自上而下”的公共服务供给决策制度，公共服务需求者并未参与公共服务供给决策过程中，其需求偏好被忽视。而社会组织、村民自治组织及农户供给则采取“自下而上”的公共服务供给决策制度。三是公共服务供给筹资制度。主要包括三个方面：其一，乡镇制度外财政；其二，农民依照法律、法规的规定所必须承担的村提留、农村义务工和劳动积累；其三，公共资源的筹集采用的是一事一收费的形式，这相当于在实践中默许了基层政府为一项新的公共产品的供给向农民取得费用的合理性。而刘永功、余璐认为，“资金具体来源包括：集体资源收入（主要为征用土地补贴）、集体经济收入（村办企业）、政府补助及村民筹资”。[②]

第四，农业税取消后的农村公共服务供给制度。截至2006年，中国农民终于彻底告别延续了两千多年的“皇粮国税”，正式步入了“后农业税时代”。我国在总体上进入到了“工业反哺农业，城市支持农村”的新的发展阶段。此阶段农村政策特点为“多予”、“少取”和“放活”。此种农村经济制度背景下的农村公共服务供给制度体现为以下特征：一是农村公共服务供给主体多元化。具体包括政府、社会组织、自治组织和农户。但地

① 卜晓军：《新中国农村公共服务供给的制度变迁》，《西北大学学报》（哲学社科版）2010年第1期。

② 刘永功、余璐：《村庄公共产品供给机制研究》，《中国农业大学学报》（社会科学版）2006年第2期。

方政府在农村公共服务供给中的地位下降，自治组织在公共服务供给中的地位提升。二是农村公共服务供给决策制度。农村公共服务供给决策逐渐由“自上而下”的决策制度向“自下而上”的决策制度转变。具体而言，中央政府在大规模农村公共服务供给中的决策体制实行“自上而下”的决策制度；而在小规模农村公共服务供给中，更多考虑农民自身偏好以及农民现实需要，实行“自下而上”的公共服务供给决策制度。三是农村公共服务供给筹资制度。农业税取消后，小规模农村公共服务供给中，其资金来源逐步实现以社会资金及农民自筹资金为主导，但在大规模农村公共服务供给中，公共财政投入依然占了相当比例。杨秦霞指出，“公共财政的筹资渠道主要有中央用于新型合作医疗补助、农村义务教育、乡村道路建设、土地开发金等专项拨款和由中央和省市向县乡进行的转移支付用来增强农村公共服务的财政能力”。①

第二节　我国农村公共服务供给制度变迁的价值取向

一　公共服务供给制度的价值取向

自公共行政学学科建立以来，公共行政学经历了古典行政、管理科学效率、民主行政、新公共管理、新公共服务以及善治六个时期，每个时期公共治理价值取向都有所不同。公共治理价值取向变迁为公共服务供给制度变迁奠定了理论基础。随着公共治理价值取向变迁，公共服务供给制度经历了政府供给制度、市场供给制度、社会供给制度以及多中心供给制度的变迁。

① 杨秦霞：《农村公共服务变迁研究——以 Y 村为个案》，硕士学位论文，四川社会科学院，2010 年。

第一，古典行政时期的公共治理价值取向与公共服务供给制度。古典行政时期，公共治理价值取向在于通过行政与政治的二分，防止政治和党派对于行政的干预，实现行政专业化的提升。古典行政时期，公共服务供给采取政府主导的公共服务供给制度，公共服务供给的决策主体和提供主体都是政府。

第二，管理科学效率时期的公共治理价值取向与公共服务供给制度。管理科学效率时期，公共治理价值取向在于通过科层制和分工来提升政府行政效率。政府公共服务供给制度依然占主导地位，但政府在公共服务供给过程中以效率为价值取向。具体而言，通过改变政府组织结构和控制系统的途径来实现政府有效地提供服务的目标。

第三，民主行政时期的公共治理价值取向与公共服务供给制度。民主行政时期，公共治理价值取向在于实现真正的人民主权和真正的平等与自由。其实现途径在于人民广泛参与到政治决策过程。如文森特·奥斯特罗姆主张政治的决策应当体现人民的意志。就公共服务供给制度而言，政府供给制度依然为主要供给制度，但在公共服务供给决策过程中应贯彻公共服务需求者——人民的需求意愿。因此，此时期公共服务供给拓宽了人民的公共服务需求表达渠道，使人民广泛参与到公共服务供给决策过程中。

第四，新公共管理时期的公共治理价值取向与市场化公共服务供给制度。新公共管理时期，公共治理价值取向为经济、效率与效能。以戴维·奥斯本和特德·盖布勒为代表的新公共管理学派主张以市场化为导向。就公共服务供给制度而言，市场化供给制度为主导，但不排斥政府供给制度和社会供给制度。市场化供给制度内涵包括决策与执行分开，市场竞争打破政府垄断，市场检验和顾客导向，公共机制与市场机制融合等方面。市场化供给模式的目的在于打破公私界限，形成公私竞争，给公众选择公共服务的机会。

第五，新公共服务时期的公共治理价值取向与多中心公共服务供给制度。新公共服务时期，公共治理价值取向包括公平、公正、民主、正义等方面。就公共服务供给制度而言，公共服务供给采取多中心供给制度，在公共服务供给过程中更加注重社会公平和分配正义，试图实现公共服务供给区域均衡。

第六，善治时期的公共治理价值取向与社会合作型的公共服务供给制度。治理或善治时期，公共治理以协同学为理论基础，公共治理价值取向以公众满意为导向，以达善治之目标。就公共服务供给制度而言，社会合作型的公共服务供给制度为主导制度。此种公共服务供给制度的目的在于扩大供给主体、优化供给结构与丰富供给方式。

西方公共治理价值取向变迁为我国农村公共服务制度创新价值取向指明了方向。就我国农村公共服务供给制度而言，其合理构建在于实现西方先进的公共服务供给理念和我国农村实际及农村公共服务供给现状的有机结合。

二　我国各时期农村公共服务供给制度价值取向

第一，古代农村公共服务供给制度价值取向。根据农村公共服务供给规模的不同，我国古代采取不同的农村公共服务供给制度，而占主导地位的农村公共服务供给制度为政府供给制度。中国古代政府将自身定位为统治者角色，其目的在于维护统治稳定性。因而公共服务供给关系到政府统治的合法性和稳定性，而政府行政效率为其统治延续性提供了可能，为此政府在公共服务供给过程中以效率作为目标，因此古代农村公共服务供给制度则是以效率作为其主导价值。

第二，民国时期农村公共服务供给制度价值取向。民国时期农村公共服务供给制度依然以政府供给制度作为主导供给制度，但民国时期我国进行了乡村建设运动的实验，为此社会供给制度在农村公共服务供给制度中处于一种辅助地位。处于主导地位的政府供给制度则是以效率作为价值取向，而处于辅助地位的社会供给制度则更多地关注农村公共服务供给的公平性和国民参与性。但在民国时期，我国农村公共服务供给制度的首要价值取向依然为效率。

第三，新中国农村公共服务供给制度的价值取向。新中国成立后，我国农村公共服务供给制度历经四次变迁。其一，在三大改造完成前，因我国农村经济类型的多元性，农村公共服务供给制度呈现多元化，多元化的农村公共服务供给制度实现了农村公共服务供给的效率目标。其二，在三大改造完成后，我国农村公共服务供给更多地考虑公平性，而农村公共服务供给的公平性则是建立在效率基础之上。其三，1983 年之后，我国农村公共服务供给制度公平价值取向逐渐削弱，而效率价值取向则逐步攀升。其四，2006 年后，农村公共服务供给依然是以政府为主导，但出现了农村公共服务市场供给制度、社会供给制度和村民自治组织供给制度。多元化供给制度出现的原因在于农村公共服务政府供给制度效率不足，为此明确将效率取向作为我国农村公共服务供给制度的主导价值取向。

纵观考虑，效率取向是我国农村公共服务供给制度的主导价值取向，虽然在不同时期有公平价值取向和人民参与价值取向，但不同时期农村公共服务供给价值取向的立足点为效率。为此，现时我国农村公共服务供给制度创新应以效率作为其主导价值取向。

第三节　农村公共服务供给制度变迁：安徽省的个案分析

安徽清初属于江南省，清朝康熙六年（公元 1667 年），拆江南省为江苏、安徽两省而正式建省，取当时安庆、徽州两府首字而得名。安徽省在地理上属于华东地区，兼跨淮河和长江，总面积13.96万平方公里，总人口6082.9万人（截至2014年12月）。虽然位于中国最具经济发展活力的、以上海为中心的长江三角洲经济区腹地，但在经济上属于我国中部经济区。本书认为，安徽省农村公共服务供给制度变迁受其经济现状、所处地理位置和文化特色等外部制度环境影响，从而使其农村公共服务供给制度在具备我国农村公共服务供给制度一般特征的同时，又有其自身特色。鉴于当前学界有关安徽省农村公共服务供给制度研究成果不足，本书从安徽省建省至今农村水利事业与农田灌溉等具体农村公共服务供给视角来分析其农村公共服务供给制度变迁历程、特征及价值取向。

一　清代安徽省农村公共服务供给制度

第一，清代安徽省农村公共服务供给主体。当前学界不乏对清代安徽省水利事业研究，本书认为农村水利修建是农村公共服务供给的一个重要组成部分，为此可以通过分析清代安徽农村水利修建特点来探讨其农村公共服务供给制度特征。梁诸英在《明清时期徽州地区灌溉水利的发展》一文中指出，“清代徽州地区水利建设包括官方修筑灌溉水利和民修灌溉水利两个方面，并具体列出了灌溉设施修建次数、修建数目和主持人”。[①] 王社教在《清代安徽农业生产的地区差异》一文中指出，“清代皖南山区小型水利工程修建，它们大都灌田在50亩到100亩左右，千亩以上的微乎其微，小者只能灌田10亩上下。而这些水利工程大多发挥了民间才智，其供给主体为民间组织”。[②] 由此可见

① 梁诸英：《明清时期徽州地区灌溉水利的发展》，《南京农业大学学报》（社会科学版）2006年第1期。

② 王社教：《清代安徽农业生产的地区差异》，《中国农史》1999年第4期。

清代农村公共服务供给主体包括政府和社会两个方面。具体而言，一是大规模农村公共服务供给主体为各级政府及其委托机构；二是小规模农村公共服务供给主体为民间组织。

第二，清代安徽省农村公共服务供给筹资制度。筹资制度包括以下方面：一是筹资渠道多元化。郑金彪、张玫指出，“具体包括筹集捐款、司库摊派的银两和酌提巡警总局用度筹得的款项为经费、赈余之款、赈款、工代赈、熏拨官款。二是民力兴修。如1906年至1908年期间，兴修水利是安徽政府救治水灾的重要活动，从巡抚到各州县地方官均极力筹措款项，组织民力修筑圩堤等水利工程，以抗御在此期间的水灾”。[①]

第三，清代安徽省农村公共服务生产制度。就大规模农村公共服务供给生产而言，如皖江流域圩堤工程采用灵活多样的修筑方式。一是官修；二是官款借修；三是以工代赈；四是官督民修；五是民修等。就小规模农村公共服务生产而言，如水利兴修主要根据民力充裕与否而采取不同方式。一是民力充裕则采用民修方式；二是民力不裕则由官方借款兴修。赵崔莉指出，“如皖江圩区一般采用民修方式，按照圩区居民是否受益及收益大小来划分。民力不足，由官员捐廉修筑成为一种必不可少的方式之一”。[②]

二　民国时期安徽省农村公共服务供给制度

民国时期安徽省农村公共服务供给制度以乡村建设运动为制度背景，农村公共服务供给制度特征为政府和社会合作供给。赵入坤在《民国安徽的乡村建设》中指出，“民国乡村建设一般都

① 郑金彪、张玫：《试论近代安徽政府对水灾的救治——以1906年至1908年的安徽水灾为例》，《传承》2010年第4期。

② 赵崔莉：《从清代安徽方志漫谈皖江圩田》，《中国地方志》2007年第4期。

以‘政教养卫合一’为手段，进行‘农村社会的改良和建设。所谓‘政’就是与政府合作，办理乡村自治和自卫；所谓‘教’就是乡村教育；所谓‘养’就是农业生产技术的改进和农作物的改良及农村合作事业的推广；所谓‘卫’就是乡村卫生工作和地方病的防治”。[①] 李姗认为，“1927—1937 年这一时期的安徽，灾荒连年发生，使农民的生活更加贫困。为了拯救日益萧条的农村经济，政府和民间组织发起了农村合作运动，寻求解决自然灾害的办法”。[②]

第一，民国时期农村公共服务供给制度。一是根据农村公共服务规模不同，采取不同的供给制度。其一，大规模农村公共服务由各级政府供给；其二，小规模农村公共服务供给主体包括地方政府、社会组织与乡绅。如孙语圣在《民国时期安徽的水利建设》一文中指出，“首先，江淮大堤及较大支川，由国家及省之力治之；其次，修堤、疏沟、治塘等则由全省官绅人民合力成之”。[③] 由此可见，对安徽省过去水利旧制的认识，并不是说不能“上恃县长、下恃堤绅诸人”，而是说须有相应的组织机构和有关章则，对其进行规范约束，明确权利和义务。江淮干支修筑先后由国府、全国经济委员会和省政府主持，其他一切修治事项基本由省政府和各级水利机关办理。从水利建设耗费的资金看，因安徽实行的是“利用民力”的办法，所以投入资金少，而完成的工程量则大。

第二，民国时期农村公共服务供给筹资制度。一是政府财政拨款；二是民间社会筹款；三是以民代资；四是举借外债。李

① 赵人坤：《民国安徽的乡村建设》，《江淮论坛》2007 年第 4 期。

② 李姗：《安徽的自然灾害与农村合作运动探析（1927—1937 年）》，《安徽农学通报》2009 年第 11 期。

③ 孙语圣：《民国时期安徽的水利建设》，《民国档案》2002 年第 4 期。

琛、马陵合在《民国时期的水利借款研究——以导淮工程为中心》一文中指出，“陈果夫鉴于工程浩大，费用过巨、筹款不易，便决定先借用庚款，到时还本付息及自筹资金等办法，并采取分期施工的形式。借用中英庚款会的资金，是近代水利工程利用外资的较为特殊的形式”。①

三　1949 年后安徽省农村公共服务供给制度

1949 年后，根据安徽省制度环境变迁特点，安徽省农村公共服务供给制度可以划分为四个阶段。第一阶段为 1949—1956 年，农村公共服务供给采取政府供给和社会供给相结合的供给制度，社会供给占有很大比重。第二阶段为 1956—1982 年，农村公共服务供给实行以政府为主导的农村公共服务供给制度。第三阶段为 1983—2006 年，农村公共服务供给制度为政府供给、市场供给和社会供给相结合的农村公共服务供给制度，但以政府供给为主导，市场供给和社会供给比重逐步上升。第四阶段为 2006 年至今，农村公共服务供给制度多元化，政府供给职能逐步弱化，社会供给地位逐步上升。

第一，安徽省 1949—1956 年农村公共服务供给制度。一是农村公共服务供给主体。其具体包括各级政府和农村社会宗族组织。二是农村公共服务供给决策制度，采取“自上而下”和“自下而上”相结合的决策制度，但是以“自上而下”决策制度为主导。三是农村公共服务筹资制度。资金来源于三个方面：各级财政拨款、地方宗族组织与个体农户。四是农村公共生产制度。生产和供给不分，由地方政府直接提供或者由宗族组织发动村民直接供给。五是农村公共服务监管制度。主要是中央政府对

---

① 李琛、马陵合：《民国时期的水利借款研究——以导淮工程为中心》，《安徽理工大学学报》（社会科学版）2011 年第 1 期。

地方政府实施监督，民间监督制度不健全。六是农村公共服务问责制度。问责主体为各级政府，主要是上级政府对下级政府及其委托单位问责，同时还包括民间宗族组织问责，但民间问责流于形式。

第二，安徽省 1956—1982 年农村公共服务供给制度。安徽省农村公共服务供给制度的制度背景为人民公社制度。一是农村公共服务供给主体，此阶段农村公共服务供给由人民公社统一安排，因而其供给主体为人民公社。二是农村公共服务供给筹资制度。其筹资制度包括制度内筹资和制度外筹资两个方面。三是农村公共服务供给决策制度。主导决策制度为“自上而下”的决策制度。四是农村公共服务供给监督制度。因农村公共服务需求渠道和反馈渠道的缺乏，农民无法真实表达自己公共服务需求，同时也无法监督农村公共服务供给。

第三，安徽省 1983—2006 年农村公共服务供给制度。1978 年安徽省小岗村的大包干，拉开了中国经济改革的序幕，1980 年全国推行家庭承包制，1982 年人民公社制度逐步瓦解，在以上制度背景下，安徽省农村公共服务供给制度逐步多元化，但在此期间仍然是以政府供给为主，村民自治组织供给和社会供给为辅。

一是农村公共服务供给主体包括三个方面：各级政府、村民自治组织和非政府组织。从 1982 年起人民公社开始撤销，安徽省农村建立了乡（镇）政府与村民委员会，并相应建立了乡级财政制度，同时人民公社后体制下的“乡政村治”制度逐步建立，与此同时社会组织逐步兴起。为此，在过渡时期，随着安徽省农村行政制度、财政制度和乡村制度的转变，各级政府、村民自治组织和社会组织在农村公共服务供给中发挥着重要作用。

二是农村公共服务供给决策制度。农村公共服务供给决策形式为“自上而下”和“自下而上”相结合，但以“自上而下”

决策形式为主。各级政府依然主导农村公共服务供给，决定公共服务的供给数量和质量。

三是农村公共服务供给筹资制度。江娅认为，“农村公共服务资金来源主要包括财政拨款和村民委员会筹资两个方面”。[①]而在农村税费改革以前的政策规定村级组织可对农民收取三项“提留”，即公积金、公益金和管理费。

四是农村公共服务供给监督制度。就各级政府供给农村公共服务而言，监督得以实施主要在于上级政府对下级政府的监督。而就村民自治组织供给农村公共服务而言，农民表达公共服务需求的机制和监督机制依然缺乏。农村公共服务供给依然带有行政色彩。如何清涟指出，“1996 年 6 月 16 日晚中央电视台《焦点访谈》节目报道，安徽省某村村长为迫使村民交钱修路，动用武力，该县的行政长官竟认为村长贯彻政策得力，表扬村长‘一巴掌打出了阳关大道’”。[②]

第四，安徽省 2006 年至今农村公共服务供给制度。在此期间，安徽省农村公共服务供给制度的制度背景为农业税被取消，农村公共服务供给制度呈现以下特征。

一是农村公共服务供给主体。农村公共服务供给主体呈现多元化，但由于农业税取消，地方政府财力不足，财权和事权不对称，致使地方政府农村公共服务供给主体地位逐步弱化。同时村民自治组织供给地位也不断弱化。随着农村公共服务供给市场化和社会化改革，农村公共服务农民自主供给地位逐步提升。

二是农村公共服务供给决策制度。决策形式包括“自上而

---

① 江娅：《安徽省农村公共产品供给制度障碍及创新研究》，硕士学位论文，合肥工业大学，2009 年。

② 何清涟：《农村基层社会地方恶势力的兴起——与王旭商榷》，《二十一世纪》1997 年第 6 期。

下”和“自下而上”两个方面，但逐渐以“自下而上”为主导，这与农民公共服务需求表达渠道逐步通畅相关。本书认为，安徽省还应颁布一批激励各类资本投资于农村公共服务供给领域的政策；构建科学合理的农村公共服务供给决策制度，将“自上而下”与“自下而上”有机结合起来，调动广大农民的参与积极性，科学地按照农民需求来决定公共服务的建设。

三是农村公共服务供给筹资制度。农村公共服务供给资金来源于财政拨款、农民自主筹资和社会筹资等三个方面。同时安徽省构建了多渠道农村公共服务供给筹资制度、财政分配制度和资本动员制度。根据安徽省已经实行“县财省管、乡财县管”的实际情况，省政府应当更多地承担农村公共服务供给责任。

四是农村公共服务分配制度。农村公共服务供给分配逐步实现以均等化理念为指导，构建均等化农村公共服务分配制度，目标在于实现区域供给均衡。

五是农村公共服务监督制度和问责制度。农村公共服务监管制度逐步完善，问责主体、客体、手段和方式逐步明确。构建监督制度和问责制度，创新官员考核指标及考核制度。如马怀礼指出，“安徽在‘十一五’期间，结合农村综合体制改革，实现农村制度创新”。[①] 又如林凤认为，“安徽省优化农村公共品供给的政策环境，强化农村公共品供给的财政监督制度”。[②]

综述所述，近年来安徽省农村公共服务供给制度积极推行市场化和社会化改革，但受到安徽省经济不发达、人民思维落后、官员思想不解放等现实因素影响，从而使安徽省农村公共服务供

① 马怀礼：《安徽新农村建设中的公共品供给制度的创新》，《乡镇经济》2009年第1期。

② 林凤：《安徽新农村建设中的公共品供给制度创新》，《科学社会主义》2011年第4期。

给制度现代化改革进程缓慢。然而安徽省各级政府正积极转变职能，完善农村公共服务供给制度。具体包括以下方面：一是以公共服务供给作为公共服务型政府建设主题。转变政府职能重点是要从自身事务管理走向公共服务供给。安徽省政府认识到与群众需要相比，当前政府在公共服务方面还存在重视不够、投入不足、分配不公、质量不高等问题。二是重新构建政府管理绩效评估指标体系，其中公共服务供给被列为一项重要指标。三是实现公共服务供给效益化，提供人民急需的公共服务。如安徽省“十一五”规划中要求各级政府必须强化公共服务职能，为经济和社会的协调发展提供基本而有保障的公共产品和有效的公共服务，着力解决涉及人民群众切身利益的突出问题，使全体人民共享改革发展的成果。

四 安徽省农村公共服务供给制度变迁的价值取向

自安徽省建省以来，安徽省农村公共服务供给制度经历了一系列变迁，具体经历了农村公共服务政府供给制度、社会供给制度、市场化供给制度和多元化供给制度的变迁。安徽省农村公共服务供给变迁的价值取向为效率为主导价值取向，虽然其中不乏公平取向、正义取向和人民参与取向。

安徽省作为中国农村改革的排头兵，其现行农村制度改革具有典型性和示范性作用。就安徽省当前农村公共服务制度改革方向而言，应积极实现安徽省农村公共服务供给制度多元化改革。具体而言，应逐步完善市场供给制度、社会供给制度和村民自治供给制度。而多元化改革有其价值取向的理念基础，如效率、公平、正义和参与性等，但其主导价值取向仍然是效率。为此，我国农村公共服务供给制度改革，尤其是欠发达省份，在农村公共服务供给制度改革和创新过程中应当将效率作为其主导价值取向。

小　结

本章分析了我国农村公共服务供给制度变迁历程及其价值取向，并且以安徽省作为个案实证分析农村公共服务供给制度的变迁历程和价值取向。我国农村公共服务供给制度经历了政府供给制度、社会供给制度、市场供给制度和多元化供给制度的变迁。而其变迁的价值取向则包括效率、公平和农民参与性等方面，但我国农村公共服务供给制度的主导价值取向仍然是效率取向。本章目的在于指明农村公共服务供给制度不是一成不变的，随着制度环境变迁，农村公共服务供给制度应当作出相应调整。在当前农村市场化与社会化进程不断推进的改革背景下，以及农业税已经取消的前提下，我国应当实现农村公共服务供给制度创新。农村公共服务供给制度变迁的价值取向仍然以效率作为基础，此为我国农村公共服务供给制度创新提供了理念基础。

第四章　现行农村公共服务供给制度的反思

改革开放三十多年来，我国农村公共服务供给已取得长足进步，但依然存在诸多问题。如农村公共服务供给存在主体单一、总量不足、效率低下与分配不均等困境。针对我国农村公共服务供给现状，当前学界积极探索其问题根源，有学者将问题根源归结为公共服务供给体制局限，并试图探寻其改进途径。如姜晓萍指出公共服务体制改革途径："构建政府公共服务职责体系；加快公共财政体制改革；完善城乡公共服务体系；创新公共服务供给方式。"①

本书认为我国农村公共服务供给问题的根源在于农村公共服务供给制度，而我国也正在积极推进农村公共服务供给制度改革。如构建多元化的农村公共服务供给制度，其具体包括：政府供给制度、市场供给制度、社会供给制度及村民自治组织供给制度等。但我国农村公共服务供给制度依然存在诸多问题，从总体上来看，我国现行农村公共服务供给制度存在以下三方面问题：公共服务供给制度构建的理念基础滞后、制度缺陷与制度效率低下。具体而言，滞后的理念基础致使所构建农村公共服务供给制度存在缺陷，而制度缺陷导致制度效率低下。为此，本书具体分

---

① 姜晓萍：《中国公共服务体制改革30年》，《中国行政管理》2008年第12期。

析农村公共服务供给制度的理念基础、供给制度缺陷和供给制度效率三方面问题，认为要突破当前农村公共服务供给问题必须转变供给制度的理念基础，优化供给制度，提升供给制度效率。

第一节　现行农村公共服务供给制度的理念基础分析

农村公共服务供给制度构建于公共服务供给理念基础之上，西方公共行政理念经历了统治、管理、管制、服务及自主治理等阶段，与此相应，公共服务供给理念经历了效率、公平、责任、服务与参与等阶段。而我国农村公共服务供给理念存在效率意识不强、公平意识不高、农民参与意识薄弱与公共责任意识缺乏等局限，为此促进农村公共服务供给理念转变尤为必要。在借鉴西方公共服务供给理念基础上，结合我国农村公共服务供给现状，本书认为当前我国农村公共服务供给应树立效率、公平、农民参与与公共责任理念。

第一，农村公共服务供给效率意识不强。当前我国积极推进农村公共服务供给的社会化和市场化改革，但其改革力度不足。当前我国农村公共服务供给制度下的供给主体依然为各级政府，而政府供给农村公共服务较少考虑供给与需求的均衡、成本与收益比，从而导致供给效率低下。如熊巍认为，“农民急需的公共产品供给严重不足；涉及到农村可持续发展的公共产品供给严重短缺；农民较少需求的公共产品供给过剩；部分公共产品的提供损害农民利益”。[①] 有学者在指出我国农村公共服务供给存在效率问题基础之上，探索了改进途径。如张开云指出，“改善农村

① 熊巍：《我国农村公共产品供给分析与模式选择》，《中国农村经济》2002年第7期。

公共产品供给效率的系统路径是：制度效率改进是前提，管理效率提升是核心，财政效率提高是保障”。[①]

第二，农村公共服务供给公平意识不高。针对我国农村公共服务存在分配正义问题，学界指出农村公共服务供给应树立均等化理念。一是农村公共服务供给存在公平性问题。其原因可归结为公共服务供给数量、类型、运作方式及制度等方面。如龙兴海认为，“公共服务供给数量有限，所供给公共服务为准公共服务，供给运作方式在差异化社会现实中，因而公共服务供给存在公平问题”。[②] 而江明融认为，公共服务供给制度导致供给公平性问题产生，具体而言，“长期以来，我们实行的是城市偏向型公共产品供给制度，造成农村公共产品供给短缺、供给成本分担不合理、公共产品收益分享不公平、供给决策机制不规范等问题”。[③] 二是公共服务供给均等化理念提出过程。均等化理念提出是一个逐步推进的过程：其一，2005 年，十六届五中全会提出公共服务均等化。其二，2007 年，十七大提出，公共服务体制改革的根本目标是实现能够公平有效地向社会提供公共服务。三是农村公共服务供给均等化改革路径。其一，根据公共财政的要求，改变城市偏向型的公共产品供给制度，实现公共服务均等化目标。其二，确定农村公共服务供给的优先次序，因地制宜地调整支出结构，保证公共品供给公平与效率。

第三，农村公共服务供给农民参与意识薄弱。农村公共服务农民参与意识体现在农民公共服务需求表达与参与供给等方面。

---

① 张开云：《农村公共产品供给效率的影响因素分析与路径构建》，《东岳论丛》2009 年第 6 期。

② 龙兴海：《农村公共服务观察：效率问题及对策》，《文史博览（理论）》2007 年第 10 期。

③ 江明融：《公共服务均等化论略》，《中南财经政法大学学报》2006 年第 3 期。

一是农民公共服务需求偏好被忽视。如郭泽保指出，“农村公共产品供给主体的乡政府和村委会，往往无视农户对农村公共产品的真正需求”。[①] 为此，拓宽农民公共服务需求表达渠道，采纳农民公共服务建议尤为必要。二是农民自治组织参与公共服务供给不足。当前农村公共服务供给应实现供给主体多元化，保障供给主体选择动态性，尤其是要提升农民自治组织在农村公共服务供给中的地位。如康琼认为，“农村公共服务体系重构的方向是区分公共服务的提供与生产，推动农村公共服务供给主体的多元化”。[②] 又如雷晓康、贾明德指出，“公共物品提供的理论基础应是公共物品提供的经济发展观：依据公共物品在不同阶段特性的改变选择不同的提供者”。[③] 再如针对推进农民自治组织建设，更好弥补当前农村公共服务供给局限，李永彩指出，“农民组织的兴起，特别是一些农民的经济组织、社会服务性组织部分弥补了农村公共产品供给的不足”。[④]

第四，农村公共服务供给责任理念缺乏。丁学东、张岩松认为主要原因有二：“一是当前我国农村公共服务供给主体仍为各级政府，而各级政府在供给农村公共服务过程中，官僚思维浓厚，责任意识不强。二是鉴于我国农村公共服务具有‘特殊性、动态性与交叉性’等特质，农村公共服务供给主体应实现多元化，但在农村公共服务供给过程中，多元化主体之间出现了互相

---

① 郭泽保：《建立和完善农村公共产品需求选择的表达机制》，《中国行政管理》2004 年第 12 期。

② 康琼：《我国农村公共服务体系重构的力场分析》，《湖南师范大学社会科学学报》2007 年第 5 期。

③ 雷晓康、贾明德：《公共物品公共性的变化及其有效提供》，《长安大学学报》（社会科学版）2003 年第 2 期。

④ 李永彩：《浅析农村公共产品的供给与农民组织的发展》，《乐山师范学院学报》2005 年第 10 期。

推诿现象”[①]。而当前各公共服务供给主体未能针对农村公共服务的公共性程度，履行各自供给职能，为此当前各供给主体树立供给责任意识尤为必要。

第二节　现行农村公共服务供给制度缺陷分析

我国农村公共服务供给制度是一个系统化的制度体系，其可以细分为农村公共服务决策制度、生产制度、筹资制度、监督制度与提供制度等子制度。当前我国农村公共服务供给制度问题具体体现在以下六方面。

第一，我国公共服务供给制度结构的二元性。张益丰、张少军指出了二元供给体制的具体内容：“城市公共产品基本是由国家提供，而农村的公共产品有相当大的比重则由农民自筹资金或通过‘集体劳动’来解决”[②]。而农村公共服务供给制度结构的二元性根源于“二元经济结构”，此种公共服务供给结构造成了公共服务供给的城市化倾向严重，农村公共服务供给数量严重不足，农民受到不公平待遇。因而，有必要建立城乡统一的公共服务供给制度。为改变我国农村公共服务供给制度结构的二元性，中央政府给予政策支持。如党中央在《中共中央关于构建社会主义和谐社会若干重大问题的决定》中提出，“完善公共财政制度，逐步实现基本公共服务均等化”的战略举措。政策目的在于推动农村公共服务供给制度逐步实现由工农分治、城乡二元向工农业和谐、城乡一元转变。

---

① 丁学东、张岩松：《公共财政覆盖农村的理论和实践》，《管理世界》2007年第10期。

② 张益丰、张少军：《中国农村公共产品供给架构建设——基于发展视角的分析》，《经济学家》2009年第2期。

第二，农村公共服务供给制度尚未进行细分。我国农村公共服务供给制度尚停留在公共服务生产与提供不分、需求和供给脱节、供给与责任不对等阶段。由此造成了农村公共服务供给效率和效益低下。为此，本书将农村公共服务供给制度具体细分为筹资制度、生产制度、提供制度、分配制度、监管制度和问责制度等方面。而农村公共服务供给制度细分有其现实意义。如贾康、孙洁指出，“在制度安排、机制设计层面，正确区分公共产品的提供者、生产者和消费者，将有利于我们对于不同的公共产品合理选择不同的提供方式，从而充分运用市场环境与机制的潜力，提高公共资金使用效益和引致民间资金介入，缓解农村公共产品有效供给的不足”。[①]

第三，农村公共服务供给农民参与制度缺乏。如于慎澄探讨我国农村公共服务供给机制时指出，“我国农村公共服务供给缺少有效的农民参与机制”。[②] 而当前学界认为农民参与农村公共服务供给途径有三：一是有学者提出构建农民参与的组织机构。刘新建、刘彦超指出了建立农民参与的组织结构目的，“在于为农民参与公共服务提供舞台，真实反映农民公共服务需求”。[③]而要准确了解农民公共服务的真实需求，洞悉农民公共服务需求偏好特点影响因素尤为必要。孔祥智、涂圣伟认为，“我国农民公共物品需求偏好受个人特征、家庭特征和村庄特征共同影

① 贾康、孙洁：《农村公共产品与服务提供机制的研究》，《管理世界》2006年第12期。

② 于慎澄：《我国农村公共服务供给机制问题探讨》，《理论前沿》2008年第20期。

③ 刘新建、刘彦超：《农村公共服务供给问题及其对策探讨》，《重庆社会科学》2007年第3期。

响”。[①] 二是拓展农民公共服务需求正规表达渠道。如李汉文、王征指出，“改变现阶段未有正规渠道，而只能向组织和政府呼吁其公共服务需求的现状”。[②] 三是拓展农民参与途径和参与内容。郭金喜、鲁娜认为，“要鼓励农民采取包括组织化在内的各种方式汇聚力量，全程参与相关政策过程，扩展农民的政策博弈分配份额”。[③]

第四，农村公共服务供给决策制度不完善。当前我国农村公共服务供给决策主要来自行政指令，采取“自上而下”的决策形式。如陶学荣、史玲认为，“在供给决策上仍沿用‘自上而下’的强制性方式，忽视农民的需求偏好和个体差异，违背民主决策的原则”。[④] 因而有学者建议，应根据农村公共服务性质和规模的不同，尽快建立政府决策和农民自主决策相结合的农村公共服务决策制度。如孔祥智、李圣军、马九杰指出，“涉及宏观的、外部性强的公共产品主要由政府决策；外部性不是很强的准公共产品和俱乐部产品，则建立消费者参与机制，让农村社区居民参与公共物品供给的决策和管理”。[⑤] 同时应当推进与公共服务决策制度的相关配套制度构建，如公共服务供给制度的监督制度建设。刘雪梅、罗伟忠指出，“要建立科学合理的农村公共

---

① 孔祥智、涂圣伟：《新农村建设中农户对公共物品的需求偏好及影响因素研究——以农田水利设施为例》，《农业经济问题》2006 年第 10 期。

② 李汉文、王征：《论农村公共品供给过程中的需求表述机制》，《当代财经》2005 年第 10 期。

③ 郭金喜、鲁娜：《农村公共服务供给：基于公共政策视角的分析》，《农村经济》2010 年第 5 期。

④ 陶学荣、史玲：《统筹城乡发展中的农村公共产品供给研究》，《财贸研究》2005 年第 3 期。

⑤ 孔祥智、李圣军、马九杰：《农户对公共产品需求的优先序及供给主体研究——以福建省永安市为例》，《社会科学研究》2006 年第 4 期。

产品决策监督体系”。[①]

第五，农村公共服务供给问责制度不健全。一是农村公共服务供给责任模糊，主要是指各级政府公共服务供给责任不明确。如于水指出，“税费改革后，向农民收费和摊派的口子被堵死了，基层政府财力不足的现象更加严重。中央及地方各级政府对各自应该承担的公共产品供给责任依然模糊不清，且没有相关的制度或法律予以明确的界定”。[②] 鉴于此，作为农村公共服务供给主体，政府应主动承担起供给责任。刘宏凯认为，“政府作为农村公共物品供给的责任主体，应发挥政府的主导作用，履行农村公共物品的供给责任”。[③] 二是农村公共服务供给责任法律制度保障缺失。辛波、杨海山指出，“在农村公共产品的供应问题上，从中央到地方各层级政府都有许多相同的责任，但是并没有一种法律对这些责任做出具体的划分。责任不清，势必就会引起各级政府之间的互相推诿，最后这些公共产品只能由‘话语权’较少的乡镇级政府来承担”。[④] 为此当前农村公共服务供给当务之急应当是在法律上给予公共服务供给主体责任进行具体规定，为农村公共服务供给问责提供法律依据。

第六，农村公共服务筹资制度单一。导致我国农村公共服务供给总量不足与供给失衡的重要因素之一是公共财政不足。根据我国农村公共服务供给制度变迁历程，作为农村公共服务供给制

---

① 刘雪梅、罗伟忠：《构建新型农村公共产品供给体系》，《湖南行政学院学报》2006 年第 12 期。

② 于水：《我国农村公共产品供给实证研究——以江苏苏南、苏北地区若干行政村为个案》，《南京社会科学》2008 年第 1 期。

③ 刘宏凯：《农村公共物品供给的制度缺陷与政府责任探析》，《哈尔滨工业大学学报》（社会科学版）2008 年第 1 期。

④ 辛波、杨海山：《论农村公共产品供给制度的变革》，《山东社会科学》2006 年第 4 期。

度配套制度之一的筹资制度应加以完善，其目的在于拓宽筹资渠道。具体而言，应从以下三个方面着手：一是增强公共服务供给的财政意识。夏峰指出，“政府尤其是基层政府公共服务能力不足和公共财政体制不完善是造成农村基本公共服务供求矛盾的主要根源”。① 二是改进财政制度，这是提升农村公共服务供给效率的关键。李燕凌指出，“税费改革后政府增加了农村公共品供给，而提高供给效率成为制度改进的关键”。② 三是进一步探索公共财政体制改革途径。刘小玲、高艳梅指出：“其一，完善公共财政体制，建立农村公共服务的制度外供给向制度内供给转变。其二，建立中央、地方各级政府公共事权和财权划分的法律化。其三，调整农村财政的投入结构，合理配置政府用于农村的公共资源。”③

第三节　现行农村公共服务供给制度效率分析

当前我国农村公共服务供给取得了长足进步，但农村公共服务供给依然存在制度效率不显著的问题。具体而言，农村公共服务供给制度效率问题包括三个方面：一是供给不足；二是供给效率低下；三是供给分配公平缺失。

第一，农村公共服务供给不足。由于我国基层政府财力有限、采取“自上而下”供给决策模式及农民需求表达渠道不畅，致使农村公共服务供给不足。具体体现在四个方面：一是供给总量不足。盛荣认为，“公共服务供给不足，体现为农业基础设

① 夏峰：《从三维视角分析农村基本公共服务现状与问题》，《统计研究》2008年第4期。

② 李燕凌：《我国农村公共品供给制度历史考察》，《农业经济问题》2008年第8期。

③ 刘小玲、高艳梅：《统筹城乡基本公共服务与完善公共财政制度探索》，《广东社会科学》2008年第6期。

施、技术信息、社会保障等方面”。[①] 二是与“三农”密切相关的农村公共服务供给不足。如杨鹏程认为，“与农村发展相关的公共服务供给短缺；与农民生活相关的公共服务供给短缺”。[②] 三是农民急需的农村公共服务供给不足。孔祥智、李圣军、马九杰、王明利通过实地调研，将农村公共服务供给不足内容具体化，他们指出，“在对 2 省 3 县 296 个农户的问卷调查中，发现我国农村样本点道路、水利设施等设施的完备状况较差，绝大多数被调查农户都认为应该重修或新建；农业技术推广、技术培训现状不容乐观；广大农民对农村地区公共产品的需要十分强烈；大多数被调查者都认为农村基础设施的投入应该主要由政府投入，农户自身的支付意愿并不是很大”。[③] 四是农村公共服务层次和质量水平低。余世喜、李喆指出，“各级政府虽然承担了绝大部分农村所需要的公共物品的供给，但是所提供的这些公共物品无论层次和质量都较低，与城市相比差距较大”。[④]

第二，农村公共服务供给效率低下。农村公共服务供给效率低下原因在于供给结构失衡、供需不协调，以及当前财政体制局限。一是农村公共服务供给结构失衡。林万龙认为，“改善农村公共服务的供求结构性失衡状态可以有效提高公共服务资金的使用效率和公共服务供给水平”。[⑤] 二是供需不协调。聂莉指出，

---

① 盛荣：《关于农村公共产品与服务研究现状的思考》，《中国农业大学学报》（社会科学版）2004 年第 3 期。

② 杨鹏程：《农村公共服务供给短缺与解决对策》，《开发研究》2007 年第 6 期。

③ 孔祥智、李圣军、马九杰、王明利：《农村公共产品供给现状及农户支付意愿研究》，《中州学刊》2006 年第 4 期。

④ 余世喜、李喆：《中国农村公共服务存在的问题及其原因分析》，《南方农村》2006 年第 3 期。

⑤ 林万龙：《中国农村公共服务供求的结构性失衡：表现及成因》，《管理世界》2007 年第 9 期。

“通过对现状的深入考察和分析会发现，供给结构、需求结构，以及两者间的不协调，是更为严峻的现实问题”。[①] 就农村公共服务供给效率低下的财政体制局限而言，一是中央财政作用不足；二是地方财政缺位；三是财政体制高度集中。如冯海波、郑婷婷认为，“高度集中的财政体制和财政软约束条件下，各级政府供给农村公共服务效率是低下的，其改进途径在于实现财政约束法治化”。[②]

第三，农村公共服务供给公平性缺失，农民满意度低下。农村公共服务供给公平缺失体现为供给区域差异性大。其原因包括以下方面：一是供给体制局限，主要是城乡二元供给体制。二是农村基本公共服务供给投入不足、主体单一。三是税费改革对农村公共服务供给公平性产生了巨大影响。如吴业苗指出，“农村税费改革与农业税取消政策的实施，将使农村公共产品供给问题更加突出”。[③] 又如于凤荣认为，“实施减免农业税政策后，主要由村民自治组织筹资的农村公共产品供给渠道将被关闭，农村公共产品的筹资渠道会随之发生变化，乡镇政府的公共服务能力和服务质量将会面临严峻挑战”。[④] 四是经济发展程度对农村公共服务供给公平性产生影响。张林秀、罗仁福、刘承芳、Scott Rozelle 认为，“一般来说，在工商业较发达地方的村公共投资活动

---

① 聂莉：《我国农村公共产品供求现状及其因素分析》，《南方农村》2005 年第 5 期。

② 冯海波、郑婷婷：《不同财政约束条件下的农村公共物品供给》，《当代经济研究》2005 年第 4 期。

③ 吴业苗：《农村公共产品供给主体的错位与调适》，《浙江社会科学》2006 年第 1 期。

④ 于凤荣：《税费政策改革对农村公共产品筹资方式的影响》，《东方论坛》2004 年第 5 期。

也相对较多”。①

第四节　现行农村公共服务供给制度的反思：安徽省的个案分析

一　安徽省农村公共服务供给制度的理念基础滞后

第一，安徽省农村公共服务供给理念尚未实现由管制型向服务型转变。为此，安徽省各级政府积极转变政府职能，树立服务型政府理念。2009 年 1 月 7 日，安徽省委省政府颁布《中共安徽省委 安徽省人民政府关于广泛深入开展农村为民服务全程代理制的意见》（皖发［2009］4 号），要求在全省范围内深入推行为民服务全程代理，将与农民群众生产、生活以及乡政府履行社会管理和公共服务职能密切相关的事项，列入服务范围，对为民服务全程代理范围、操作程序以及长效机制建设提出了明确要求。加强了农村公共服务工作，为农业和农村发展创造了良好的公共服务环境。周业柱、孙亚萍认为，“在农村公共服务方面，安徽省委、省政府近年来也是十分重视，集中有限的人力、物力和财力，强化了农村公共服务工作，为农业和农村经济的发展营造了较好的公共服务环境”。②

第二，安徽省农村公共服务供给理念尚停留在各级政府主导供给阶段，公共服务的生产与提供不分，供给市场化改革滞后。时至今日，安徽省农村公共服务供给依然以政府为主导，其体现于安徽省“十二五”规划中，虽然制定了农村公共服务改革计

① 张林秀、罗仁福、刘承芳、Scott Rozelle：《中国农村社区公共物品投资的决定因素分析》，《经济研究》2005 年第 11 期。

② 周业柱、孙亚萍：《浅议安徽农村公共服务体系建设的主要成就与基本经验》，《乡镇经济》2006 年第 1 期。

划，但没有提出如何实现农村公共服务供给途径，没有明确农村公共服务供给主体、供给模式和供给制度。具体而言，一是提出“十二五”期间加强农民水利建设，但没有提出建设途径。如“十二五”期间新建和改扩建大中塘 3000 口以上，改造中低产田 300 万亩，新增灌溉面积 100 万亩。虽然目标明确，但这些改造如何实现尚未明确。

二是农村“文教卫”工程。推进义务教育阶段学校办学条件标准化、农村中小学校舍安全、寄宿制学校、乡镇中心园、农村留守儿童活动中心等建设。支持一批农村职业学校创建国家级和省级示范，扶持建设一批乡镇卫生院和村卫生室。力争到 2015 年，基本实现县县有文化馆、图书馆，乡乡有综合文化站，行政村有文化活动室的目标，每个乡镇拥有一所公办幼儿园。然而以上农村“文教卫”工程如何筹资、如何供给尚不明确。

三是农业公共服务能力提升工程。全面完成乡镇或区域性农技推广、动植物疫病防控、农产品质量监管等农业公共服务体系基础设施建设，提升公共服务能力。提升农业公共服务能力仅指政府，公共服务供给主体单一。

四是农民组织化工程。鼓励各类市场主体兴办合作经济组织，“十二五”末农户入户率达 50% 以上。示范社发展到 4000 个，其中省级示范社 500 个。农民组织化工程不仅仅要发挥政府的指导作用，而且要发挥社会力量，不能将农民组织化工程流于形式。

五是农业信息化工程。“重点建设覆盖市、县的农情监测预警信息系统，农业信息服务站点向基层延伸至 100% 的乡镇、50% 以上的行政村、100% 的规模龙头企业、60% 以上的农民专业合作社和农产品种养大户”。农村公共服务信息技术服务应当发挥政府、市场、社会与农民各方面综合力量的作用，而不仅仅是以政府为主导。

第三，安徽省农村公共服务供给社会化理念初步形成。虽然安徽省农村公共服务供给主体单一，但各级政府正积极转变供给理念，推进公共服务供给社会化改革。如吴宗友、姚明会指出，“乡镇等地方政府实际上成为农村有限的社会事业建设之唯一主体，农村社会事业的建设缺失社会力量的介入”。① 针对农村公共服务供给社会化不足，各级政府积极推进建立新型农业社会化服务体系。具体而言，包括以下方面：一是按照强化公益性职能、放活经营性服务的要求，加快构建新型农业社会化服务体系。二是支持供销合作社、农民专业合作社、专业服务公司、专业技术协会、农民经纪人、龙头企业等提供多种形式的生产经营服务。三是安徽省委、省政府高度重视农技推广体系建设，加强领导，深化改革，推进农村公共服务基层技术机构的发展。特别是 1993 年定编和 1994 年省人大制定了《安徽省农业技术推广实施办法》后，农技推广体系得到了进一步加强，各级农业技术推广机构在农业技术引进、实验示范和推广应用、病虫害预测预报、畜禽防疫、技术培训和咨询、提高广大农民素质中发挥了重要作用。

二　安徽省农村公共服务供给制度不健全

第一，安徽省“一事一议”制度运行存在困境。安徽省在农村公共服务供给过程中积极施行“一事一议”制度，而“一事一议”制度存在筹资难、决策难和执行难等困境，导致农民急需的农村公共服务没有得到供给。如兴办村内道路等农村公益性事业可以通过“一事一议”来筹集资金，但由于实践中存在的“一事一议”筹资难问题，加之“一事一议”受到最高限额

① 吴宗友、姚明会：《安徽农村社会事业建设主体定位及运行机制》，《学术界》2009 年第 6 期。

的制约，很多地方的农村公益事业如抗旱排涝、乡村道路等受到严重制约，不少地方甚至几年都没有修一条道路。

第二，安徽省农村公共服务供给社会化制度缺失。一是农村公共服务供给制度社会化改革，但缺乏社会组织资源，其社会组织载体主要为村级组织，造成农村公共服务供给局限。高新军指出，“目前农村公共服务的组织载体主要是乡镇党政和村级组织，这种组织载体对当前农村公共服务的多种资源汲取和公共服务实施中的公众参与、管理和监督，都有自身缺陷”。[①] 二是农民合作组织在全省农业农村经济发展中尚未成为主导力量，农村公共服务的水平和能力都十分有限。其一，合作组织数量太少。全省合作组织带动约42万户农民，仅占全省1380万农户的2%多一点。但近年来农村专业合作经济组织有所发展，截至2007年年底，安徽省农村专业合作组织已达5000个，会员137万个，占全省总农户的10.5%。但农业合作组织的发展还处在较低水平。张娜、王晶晶认为，“仅从农户参加比例来看，10.5%这一比例低于同期全国13.8%的总体水平，同发达国家大都在80%—90%的水平相比，更是差距巨大”。[②] 其二，合作组织作用太弱。多数合作组织分布在种养业，农产品、大宗农作物经营、农田水利基础设施建设方面的合作偏少。其三，合作组织实力十分薄弱。李光龙、管治华、崔金秋认为，“全省有57.82%的合作组织未经任何部门登记，市场开拓能力有限，对农民带动

---

① 高新军：《农税取消后我国农村的公共服务状况、挑战及解决的思路——以中部河南省和安徽省的部分乡镇为例》（http://books.chinareform.org.cn/society/2/5/201102/t20110225_61277.htm 2006.03.07G，2011—02—25）。

② 张娜、王晶晶：《安徽农村专业合作经济组织发展实证研究》，《合作经济与科技》2010年第4期。

规模小，服务水平低”。①

第三，安徽省农村公共服务供给制度多元化改革遭遇瓶颈。一是农村公共服务供给民营化改革存在困境。安徽省积极推进农村公共服务供给制度民营化改革。程必定指出，“民办型农村服务体系是农业生产市场化和现代化不断发展的条件下所形成的一种新型的农村社区经济组织形式，一般而言，它是以家庭企业为基础的、农民自愿组成的为农业产前、产中、产后服务的一种农村社区性的股份合作组织”。② 然而在构建推进民办型农村公共服务供给制度过程中遇到难题。其一，市场化农业和开发性农业的发展对民办型农村服务供给制度提出了新要求。其二，民办型农村公共服务供给制度要求农民组织化程度高，自主联合意愿强，而安徽省农民组织化程度低，农民组织资源缺乏，农民由于个人理性很难避免“搭便车”行为。

第四，安徽省农村公共服务供给筹资制度不健全。以安徽省“村村通公路工程”建设为例，其一直是在配套资金不足的情况下推进的。如《安徽池州市宿松县等地政协调研报告》一文指出，全省村村通公路中标造价基本上是28万元—31万元/公里。按照要求，“村村通工程”由安徽省交通厅出资12.5万元/公里，市级政府出资1万元/公里，市级交通部门出资2万元/公里，其余由乡镇自筹。但实际操作中，乡镇自筹资金往往不能及时到位。由此可见，安徽省农村公共服务供给资金来源于两个方面：一是政府财政支持；二是乡镇自筹。而乡镇自筹资金往往因各种原因不到位，由此造成了道路修建的困境。

① 李光龙、管治华、崔金秋：《缓解县乡财政困难的思路与对策——以安徽为例的分析》，《安徽大学学报》（哲学社会科学版）2007年第4期。

② 程必定：《民办型农村服务体系与安徽农村劳动力转移》，《安徽省委党校学报》1993年第4期。

为此，在当前财权和事权不对等的财政体制下，在税费改革的经济环境背景下，完善安徽省农村公共服务供给筹资制度尤为必要。其改革途径在于实现筹资制度的多元化和法治化。

三　安徽省农村公共服务供给制度效率低下

第一，安徽省农村公共服务供给不足。安徽省农村公共服务供给不足主要体现在供给总量不足和农民急需的农村公共服务供给不足。其中供给不足的项目包括：公共信息网络、道路、饮水、农田水利、农村医疗、公共卫生、社会保障、义务教育等方面。如陈定洋、张冲通过实地调研指出，“农村公共信息网络体系不完备、农村公共基础设施老化严重、部分地区人畜饮水达不到要求、农田水利基础设施设计标准低、农村医疗和公共卫生的城乡差距较大、农村义务教育中教学设施差距很大、农村社会保障局限于经济较为发达或集体经济收入状况较好的地方、农村公共服务基层技术机构运营不畅、农村公共服务投入不足”。①

第二，安徽省基层政府公共服务供给能力低下。安徽省各级政府公共服务供给能力不高，主要体现为无法满足农民对公共服务多样性的要求、公共服务供给成本高和公共服务供给效率低。原因有四：一是政府主导农村公共服务的提供，供给渠道单一。二是县域经济不发达，基层政府财力只能维持在一个较低水平上，公共服务供给能力薄弱。储成兵认为，“安徽县乡地方财政收入年均增幅仅为5.97%，低于全国增幅近10个百分点。从纵向比较看，2000年，安徽县乡人均地方财政收入为169.75元（其中有4个县人均地方财政收入在85元以下），比全国人均财政收入低891.25元；从横向比较看，安徽县乡人均地方财政收入仅为浙江和上海

---

①　陈定洋、张冲：《健全安徽农村公共服务机制与政策探析》，《理论建设》2011年第2期。

县乡人均地方财政收入的 42.7% 及 35.9%”。[①] 三是县乡财政负债严重。李光龙、管治华、崔金秋指出，“据统计，到 2004 年底，安徽省县乡政府负债增加到约 340 余亿元，相当于当年县乡地方一般预算收入的 4.38 倍，其中县级政府负债约 216 亿元，县均负债约 2.73 亿元；乡镇负债约 124 亿元，乡（镇）均负债约 708 万元，县乡债务分别占债务总额的 63.5% 和 36.5%”。[②] 四是乡镇规模相对较小，管理成本高，公共服务供给效率低。当前乡镇管辖范围是在一个集市的范围内，但如今交通相对比较发达，乡镇政权管辖范围明显过小，公共管理成本太高，农村公共服务的供给效率低下。

四　安徽省农村公共服务供给制度配套改革

基于对安徽省农村公共服务供给理念相对滞后、供给制度不完善、供给制度效率不高等供给现状的认识，安徽省各级政府积极进行相应改革，改变安徽省农村公共服务供给现状。安徽农村公共服务供给制度改革成就主要体现在以下方面：一是制定和颁布了一系列促进社会主义新农村建设的政策法规；二是改革了农村公共财政管理体制，加大了农村工作的财政供给力度；三是开展乡镇农技推广体系改革，初步建立了农村基层公共服务技术机构系统；四是加强了农村公共服务工作，为农业和农村发展创造了良好的公共服务环境。而具体实施路径包括以下方面。

第一，积极推进财政管理体制改革。安徽全面实行“省直管县”和“乡财县管”管理体制，探索构建农村公共服务供给

① 储成兵：《安徽基层政府公共服务能力分析及提升策略》，《湖北经济学院学报》（人文社会科学版）2011 年第 3 期。

② 李光龙、管治华、崔金秋：《缓解县乡财政困难的思路与对策——以安徽为例的分析》，《安徽大学学报》（哲学社会科学版）2007 年第 4 期。

新制度。张忠文指出，“经过试点改革，农村综合改革转变了乡镇政府职能，优化了发展环境。实行财政补贴农民资金改革和建立乡镇为民服务代理制，搭建了为农服务的新平台”。[①] 财政管理体制改革拓宽了农村公共服务供给筹资渠道，为安徽省农村公共服务供给提供了资金支持。

第二，进一步深化乡镇管理体制改革。乡镇管理体制改革的目标在于真正实现乡镇自治，不是削弱乡镇权力，而是加强乡镇权力。具体而言，就是放活农民、放活农村组织、放活乡镇政府。乡镇权力提升、乡镇组织发展和农民灵活性增强，有利于改变传统单一的农村公共服务供给制度，实现农村公共服务供给制度社会化，从而提升农村公共服务供给效率，解决安徽省农村公共服务供给不均衡问题。

第三，积极调整乡镇、村规模，提高农村公共服务供给效率。安徽省加快乡镇职能转变和机构改革的步伐，其中重要的措施在于精简人员，降低行政成本，提升供给效率。目前安徽省1753个乡镇中，行政编制实有47215人，事业编制374198人，其中属全额拨款的331677人，差额补助的29366人，自收自支的12875人，企业化管理的280人。通过改革，每个乡镇行政编制可控制在15—20人以内，事业编制可控制在10—15人。通过乡镇政府规模和事业单位规模的精简，行政成本大为降低，提升了乡镇政府工作效率，实现低成本供给农村公共服务。同时有更多资金服务于农村公共服务建设，从而提升农村公共服务供给效率。

第四，逐步完善农村公共服务政策体系建设，为安徽省农村公共服务体供给制度建设提供政策保障。安徽行政学院课题组指出，“公共政策是农村公共服务体系建设的制度保障和各项农村

① 张忠文：《安徽农村改革开创多项第一》，《安徽日报》2007年2月13日。

公共服务行为的规范和引导，要科学合理地建设农村公共服务体系，必须有科学、合理、公平、可行的农村公共政策体系为指导、依据和规范，使各项农村公共服务工作能够有章可循，规范、有序地开展”。[①] 农村公共服务供给政策和制度建设，为安徽省农村公共服务供给市场化改革和社会化改革提供了良好的制度环境，节省了农村公共服务供给的交易成本，提升了农村公共服务供给效率。

第五，强化各级政府在农业社会化服务机制创新中的职责。安徽省农村公共服务供给问责机制不健全和监督机制不完善，各级政府公共服务供给职责不明确。为此，强化各级政府公共服务供给责任意识和服务意识尤为必要。政府在农业社会化服务机制创新中的责任体现为：一是提供公益性农业服务职责；二是加快健全农业技术推广、农产品质量安全标准、农产品市场、动植物疫病防治等农业服务体系；三是强化面向农村的科技、金融、市场、信息等方面的服务，建立农业电子商务平台、农村综合管理系统和农业决策数字支持系统。

小　结

我国农村公共服务供给制度存在着供给制度构建的理念基础滞后，供给制度供给不足和供给制度效率低下等困境。为此系统推进我国农村公共服务供给制度改革尤为必要。一是重建农村公共服务供给制度构建的理念基础，将农村公共服务供给制度的主导价值取向确立为效率，同时树立公平意识、农民参与意识和责任意识；二是完善农村公共服务供给制度。改变农村公共服务供

① 安徽行政学院课题组：《安徽农村公共服务体系建设问题》，《华东经济管理》2005 年第 11 期。

给制度二元性特征，实现农村公共服务供给制度细分，完善农村公共服务供给农民参与制度，改进农村公共服务供给决策制度，健全农村公共服务供给问责制度，多元化农村公共服务筹资制度；三是提升农村公共服务供给制度效率。增加农村公共服务供给数量，提升农村公共服务供给效率，提升农村公共服务供给公平性，提高农民满意度。基于理论的分析，本书具体结合安徽省实例作为个案分析，安徽省农村公共服务供给制度改革，无论在理念基础、制度构建和制度效率提升中的配套改革在我国农村公共服务供给制度改革中皆具有前瞻性、典型性和示范性。本章的目的在于说明我国农村公共服务供给制度创新有其必要性，并提供农村公共服务供给制度的方向。本书认为，我国农村公共服务供给制度供给必须加强，同时制度构建要以效率作为主导价值取向。

第五章　农民自主供给:农村公共服务的制度创新

基于对我国农村公共服务供给制度变迁的分析和我国现行农村公共服务供给制度的反思，可知我国农村公共服务供给制度存在供给制度价值取向不明确和制度供给不足等问题。为此必须在优化原有农村公共服务供给制度基础之上，实现农村公共服务供给制度创新，而此种制度创新必须以效率为价值取向。鉴于我国小规模农村公共服务供给不足，基于对公共事务自主治理理论的借鉴，本书认为，当前我国农村应当构建农村公共服务农民自主供给制度。为此本章从以下三个方面进行具体分析：一是公共事务自主治理与农村公共服务农民自主供给制度；二是农村公共服务农民自主供给制度的制度优势；三是农村公共服务农民自主供给制度构建困境。

第一节　公共事务自主治理与农村公共服务农民自主供给制度

一　公共事务自主治理理论

由于公共事务具有非竞争性、非排他性，公共事务治理存在着困境，“囚徒困境”理论、哈丁的“公地悲剧”理论以及奥尔森的“集体行动的逻辑”理论从不同视角阐述了公共事务治理困境。从“囚徒困境”到“公地悲剧”，再到“集体行动的逻辑”，这些模型告诉我们，个体的理性选择导致了集体的非理性。张振华指出，“要想避免非理性的后果，只有两种选择：要么彻底私有化，要么构建一个外在的政治权威”。[①] 基于系统的理论分析和大量的实证研究，埃莉诺·奥斯特罗姆在摆脱公地困境问题上提出了不同于集权化或私有化的第三种途径——自主治理。她认为：没有彻底的私有化，没有完全的政府权力的控制，使用者会自主治理公共池塘资源。埃莉诺·奥斯特罗姆和文森特·奥斯特罗姆共同创立的多中心理论，是多元社会中公共事务的治理理论。多中心治理理论的核心内容是自主治理和自主组织。自主治理理论的中心问题是，一群相互依存的人们如何把自己组织起来，进行自主性治理，并通过自主性努力以克服“搭便车”现象、回避责任或机会主义诱惑，以取得持久性共同利益的实现。自主治理理论的理论价值在于其发展了走出集体行动困境的理论架构，实现了人性利己与利他的结合，拓展了传统制度理论的制度视野。实践价值是有利于解决公共资源治理的困境，有利于提供公共物品的供给，有利于民主政治的发展。此外，自主治理理论也存在一定的局限性，主要是其适用对象的有限性、适用政治体制的有限性和适用自治组织的有限性。

二　农村公共服务农民自主供给制度特征

农村公共服务属于公共事务范畴，农村公共服务可以通过农民自主供给，本书主张构建农村公共服务农民自主供给制度。洞悉农民自主供给制度内涵是构建此种制度的首要之举，它为制度构建提供了目标和方向。在明确公共服务、农村公共服务与农村公共服务供给制度三个概念基础上，本书界定了农村公共服务农

---

① 张振华：《集体选择的困境及其在公共池塘资源治理中的克服——印第安纳学派的多中心自主治理理论述评》，《行政论坛》2010年第2期。

民自主供给制度概念：农民根据农村公共服务的现实需求，形成农民自治组织，自主生产和提供农村公共服务的制度。

农村公共服务农民自主供给制度特征有二：一是农村公共服务的供给主体为农民自治组织，根据农村公共服务的公共物品特性和单个农户的能力现状，本书排除了单个农户自主供给情形；二是此种制度供给效益高。农村公共服务的供给者和消费者都是农民，因而能够全面了解农村公共服务需求现状，提供农民急需的农村公共服务，解决农村公共服务供需结构失衡难题。

第二节 农村公共服务农民自主供给制度的制度优势

新中国成立以来，随着农村经济制度环境的变迁，我国农村公共服务供给制度经历了一系列变迁，但相较于农村经济制度环境变迁，农村公共服务供给制度变迁相对滞后，现存农村公共服务供给制度存在着不同程度的制度缺陷，而农村公共服务农民自主供给制度有其制度优势，能够克服现存农村公共服务供给制度的制度缺陷，因此本书认为构建此种制度尤为必要。此种农村公共服务供给制度具有独特的制度优势。具体而言，其制度优势包括以下四个方面。

第一，农民自主供给制度决策模式是一种农民相互协商的自主决策，自治组织成员能够根据当地农村公共服务的需求现状相应供给农村公共服务，由此可以解决农村公共服务供需结构失衡和有效供给不足问题。

第二，农村公共服务农民自主供给制度建立于农民自治组织基础之上，农民自治组织的治理规则本身既能提高成员相互监督的积极性，也能降低监督的成本。农民自治组织治理规则为农村公共服务供给者和需求者相互监督提供了可能性和可行性，因而农村公共服务农民自主供给制度克服了我国现存公共服务供给制度缺乏有效监管的制度缺陷。

第三，实施农村公共服务农民自主供给制度，农村公共服务的供给者和需求者都是农民自治组织成员，其中公共服务问责主体和问责客体明确，相较于政府垄断供给公共服务制度，更容易形成明确的问责机制；同时，问责主体和问责客体都是农民自治组织成员，因而问责成本低、问责效率高。农村公共服农民自主供给制度克服了当前农村公共服务供给制度难问责、高成本问责和低效率问责的问题。

第四，农村公共服务农民自主供给制度建立在农民自愿形成的农民自治组织基础之上，农民自治组织成员之间共同遵守乡村社会信任规范，共享乡村网络资源，农民自治组织成员之间有着强信任度，农民自治组织成员集体行动效率高，因此农村公共服务农民自主供给制度能够高效提供农村公共服务，克服当前农村公共服务供给制度公共服务供给效率低的制度缺陷。

第三节　农村公共服务农民自主供给制度的供给困境

一　公共事务自主治理制度与公共治理范式难点

（一）公共事务自主治理制度

第一，以埃莉诺·奥斯特罗姆为代表的制度分析学派提出了一个新的解决“公地悲剧”的途径——多中心自主治理制度。

第二，就自主治理制度定义而言，制度经济学中，自主治理制度被定义为靠人类的长期经验而形成的规则，由于为足够多的人所采用，从而成为传统并被长期保持下来，并通行于由个体组成的共同体。

第三，就自主治理制度与外在制度的区别而言，杨曼利指出，主要表现在三方面：“一是它不是人工设计物，而是千百万个体间相互作用而自发形成的。二是它往往通过道德准则、个体的声望、声誉和自我形象等约束个体促使个体产生良好的自律，形成内在化的行为准则。三是它与外在制度之间具有一定的互补性，缺少了自主治理制度的外在制度往往会失效。”①

第四，就治理的制度安排而言，公共事务的治理不能是政府“自上而下”控制的结果，而是多元的行动者互动参与的过程。

第五，针对治理机制的内在矛盾，巩建华在《西方治理理论存在的内在缺陷》一文中引用鲍勃·杰索普的观点：“治理机制主要存在四种两难困境：一是合作与竞争的矛盾；二是开放与封闭的矛盾；三是可治理性与灵活性的矛盾；四是责任和效率的矛盾。”②

（二）公共治理范式难点

自公共行政学学科建立以来，公共行政理论大致经历了六个时期：“初创期（1887—1899）、管理科学效率时期（1900—1929）、公共行政学研究繁荣期（1930—1959）、调整期（1960—1979）、政府改革与行政学之再发展即公共管理时期（1980—2000）、‘新’理念——‘治理’或‘善治’时期（1989— ）”。③ 在公共行政理论所经历的六个时期内，公共行政研究范式发生了五次转换：官僚行政范式、民主行政范式、新公共管理范式、新公共服务范式及公共治理范式。公共行政学科

① 杨曼利：《自主治理制度与西部生态环境治理》，《理论导刊》2006 年第 4 期。

② 巩建华：《西方治理理论存在的内在缺陷》，《江南大学学报》（人文社会科学版）2007 年第 10 期。

③ 杜永豪：《对美国公共行政理论之“兴替”现象的哲学思考》，《云南行政学院学报》2004 年第 2 期。

目前处于“治理”或“善治”时期，研究范式为公共治理范式，而公共治理范式的研究难点之一为公共事务自主治理制度供给的集体困境。针对公共事务治理困境，埃莉诺·奥斯特罗姆主张，公共事务领域应构建公共事务自主治理组织和自主治理制度，但她所面临的首要难题是自主治理制度的制度供给困境。

二　制度供给与农民自主供给制度的供给困境

（一）制度供给

目前学界关于制度供给研究主要集中于界定制度供给定义、供给主体与供给效率等方面。第一，就制度供给定义而言，学界关于制度供给定义有以下几种经典界定。首先，“制度供给就是为规范人们的行为而提供的法律、伦理或经济的准则或规则”。① 其次，“社会制度的供给与变迁包括正式制度即法律法规和非正式制度即道德、禁忌、习惯、传统和行为准则等的供给与变迁”。② 最后，诺思认为，“制度供给就是一种新制度的‘生产者’在制度变迁收益大于制度变迁成本的情况下设计和推动制度变迁的活动，它是制度变迁的生产者的供给愿望和能力的统一”。③

第二，就制度供给主体而言，学界大抵从国家、政党、非政府组织以及个人等视角对制度供给主体进行了界说。首先，国家供给说指出，国家供给制度的范围具体包括两个方面：其一，国家供给法律制度。如吴凡在《对西方国家制度供给理论的反思》

---

①　李松龄：《制度供给：理论与实证》，《湖南财经高等专科学校学报》1999年第3期。

②　贺培育：《制度学：走向文明与理性的必然审视》，湖南人民出版社2004年版，第152—157页。

③　［美］道格拉斯·C. 诺思：《制度、制度变迁与经济绩效》，杭行译，格致出版社2008年版，第68页。

中指出，“国家制度供给理论认为，国家是一种在某个特定地区内对合法使用强制性手段，具有垄断权的制度安排，它的主要功能是提供法律秩序”。[①] 其二，国家提供宪法秩序、制度安排以及行为规则。如张宏、赵金锁（2007）在《国家的制度供给模型》中指出，“国家是制度供给的垄断者，是拥有独立经济利益的制度生产者或供给主体，无论是宪法秩序、制度安排还是具体的行为性规则都由国家来供给”。[②] 其次，多元供给说主张，制度的供给主要来自于政府、非政府组织和个人。最后，执政党供给说认为，“制度供给是执政党执政的根本职责”。[③]

第三，就制度供给效率而言，学界从成本收益、制度过剩以及制度不足等视角进行了分析。首先，成本收益说认为，制度供给效率是指预期制度安排成功所支付的费用和收益之比。“高效率的制度供给包括两部分：一是设计安排新制度所支付的成本最低；二是新制度在有效期内的收益最大。”[④] 其次，制度过剩说主张，“制度供给过程中存在着制度过剩和制度不足现象，制度均衡是一种偶然现象”。[⑤] “制度过剩是指相对于社会对制度的需求而言，有些制度是多余的，或者是一些过时的制度以及一些无效的制度仍在发挥作用”。[⑥]

本书就制度供给的概念、制度供给主体以及制度供给效率做

① 吴凡：《对西方国家制度供给理论的反思》，《四川行政学院学报》2005 年第 6 期。

② 张宏、赵金锁：《国家的制度供给模型》，《甘肃社会科学》2007 年第 1 期。

③ 安蓉泉：《提升制度供给的意识和能力》，《中共浙江省委党校学报》2004 年第 6 期。

④ 邓大才：《制度供给效率研究》，《江海学刊》2004 年第 4 期。

⑤ 邓大才：《论当前我国制度供给现状及制度变迁方式的转换》，《江苏社会科学》2002 年第 6 期。

⑥ 吕之望、李雄斌：《关于制度供给过剩的一个框架》，《西北大学学报》（哲学社会科学版）2004 年第 2 期。

如下界定。首先，制度供给可以界定为制度供给主体通过强制性或引致性方式提供法律秩序、行为规范与规则制度；其次，目前制度供给主体逐步实现由一元化向多元化转变，供给主体可以是国家、非政府组织、政党以及个人；最后，制度供给效率有高低之分，制度供给常态是制度供给不足和制度过剩，制度均衡只是偶然现象。

（二）制度供给困境与农民自主供给制度的供给困境

第一，制度供给困境。制度供给困境来自于两个方面：一是在制度供给过程中，参与制度供给者之间对于供给何种制度产生根本分歧。如贝茨指出，尽管大家都希望有一个新的制度，这个制度使他们能够不再单独行动，而是为达到一个均衡的结局协调他们的活动。但是涉及选择哪一个制度，参与者之间很可能产生根本的分歧。“因此所提出的协调——或保证合作——博弈的结论本身也包含着一个集体困境。”

二是在制度供给过后，制度供给作为公共物品，存在着“搭便车”行为，其导致了制度供给的二阶困境。奥斯特罗姆特别强调制度供给的“二阶困境”，一旦制度设计成功，模仿是很容易的，设计制度的人难以回收成本。就此而言，理性的人是不会去设计制度的。这就是制度供给的“二阶困境”。姚作为、王国庆在《制度供给理论述评——经典理论演变与国内研究进展》中指出，“按照新制度经济学的传统思路，个人基于自利的原因会自发进行制度创新，但‘搭便车’行为等现象的存在严重干扰了制度变迁的进程与方向”。[①] 贝茨对自主治理制度供给的二阶困境进行了具体分析。他指出，由于新规则的供给等同于提供另一种公益物品，因此一组委托人所面对的问题是，获得这些新

① 姚作为、王国庆：《制度供给理论述评——经典理论演变与国内研究进展》，《财经理论与实践》2005 年第 1 期。

规则的过程中存在着二阶的集体困境。由于贝茨假定二阶困境不比一阶困境更容易，因此他得出的结论是，解决集体困境的新的一套规则不会由一组委托人来提供。

第二，农村公共服务农民自主供给制度供给的困境。一是制度供给者。根据诺思的观点，制度供给就是一种新制度的"生产者"在制度变迁收益大于制度变迁成本的情况下设计和推动制度变迁的活动，它是制度变迁的生产者的供给愿望和能力的统一。而这种新制度的"生产者"也就是制度变迁的供给者。在新制度经济学家看来，只要是有意识地推动制度变迁或者对制度变迁施加影响的单位，都是制度变迁的供给者。因此，制度变迁可以是一个单独的人，也可以是一个团体。

二是农村公共服务农民自主供给制度供给者。当前我国农村公共服务供给存在着农民自主供给行为，而农民自主供给行为存在着不可持续性和缺乏稳定性，为此必须将农村公共服务农民自主供给行为制度化。而农村公共服务农民自主供给则是由农民自发形成，其制度供给主体应为农民自主供给成员，其是在农民形成自治组织，供给农村公共服务过程中自发形成的。农户是非正式制度的供给者。

三是农村公共服务农民自主供给制度的困境。其一，农村公共服务农民自主供给制度在具体内容上一致性达成存在困境。如决策制度、筹资制度、提供制度、生产制度和监督制度等。其二，农村公共服务农民自主供给制度的供给的二阶集体困境。就是农民自治组织成员中委托者动机和收益之间博弈的问题，如何使其愿意提供制度成为一大难题。具体而言，农村公共服务农民自主供给制度也存在制度供给的二阶困境，那么，此种制度由谁供给，制度设计的成本由谁来承担，制度设计的交易成本如何降低，则是农村公共服务农民自主供给制度创新困境所在。

小　结

针对我国农村公共服务供给制度存在制度供给不足的问题，基于对公共事务自主治理理论的分析，本书认为，我国应当构建农村公共服务供给农民自主供给制度。相对于我国已有农村公共服务供给制度，农村公共服务农民自主供给制度在公共服务供给决策、供给问责、供给监督和供给效率上皆具有制度优势。但如同公共事务自主治理制度存在制度供给的二阶困境，农村公共服务农民自主供给制度也存在着制度供给困境，它是我国农村公共服务制度供给不足的重要原因之一，也是下章所要面对的问题。

第六章　乡村社会资本与农民自主供给制度困境的突破

公共治理范式研究难点之一为突破公共事务治理制度困境，其最大困境为制度供给的二阶的集体困境，而增进自主治理组织成员之间的信任是突破自主治理制度供给困境的必由之路，而信任是社会资本的应有之义，积累自治组织的社会资本能够提升自主治理组织成员之间的信任度，从而突破公共事务自主治理制度供给困境。而作为公共事务自主治理制度之一的农村公共服务农民自主供给制度困境为其制度供给的二阶的集体困境，其制度供给困境的突破在于积累乡村社会资本。

第一节　社会资本积累与自主治理制度供给困境突破

公共事务治理存在着困境，困境克服的途径在于公共事务治理自主化，然而公共事务自主治理制度也存在着内在矛盾，具体体现为公共事务自主治理制度供给效率低下和制度供给不足。一般而言，制度供给主体为政府、非政府组织、政党和个人，而政府在制度供给主体中处于主导地位，但在公共事务领域却有所不同，政府在公共事务领域的制度供给总是滞后，致使政府在公共事务领域制度供给的权威性受到置疑。针对政府在公共事务领域供给制度的局限性，学界提出了公共事务领域制度供给的其他途径，如埃莉诺·奥斯特罗姆认为，公共事务领域实行自主治理，治理制度自主供给。她引用贝茨的观念认为，“自主治理制度供给存在二阶集体困境。由于新规则的供给等同于提供另一种公益物品，因此一组委托人所面对的问题是，获得这些新规则的过程中存在着二阶的集体困境”。[①] 关于制度供给的二阶的集体困境的克服，埃莉诺·奥斯特罗姆持如下观点，“建立信任和建立一种社群观念便是解决新制度供给问题的机制”。[②]

本书沿用贝茨的观点，并进一步认为，信任是社会资本的重要内容，自主治理组织的社会资本积累有利于提升自主治理组织成员之间的信任水平，因此，社会资本积累是破解公共事务自主治理制度供给困境的重要途径之一。具体而言，本书从以下三个方面分析社会资本积累与自主治理制度供给困境克服的内在逻辑关系：第一，信任与社会资本的关系；第二，信任与自主治理制度供给的关系；第三，自治组织的社会资本积累与突破自主治理制度供给困境。

一　信任与社会资本的关系

第一，界定信任概念。关于信任的概念，学界有以下几种经典的界说。张康之、李传之认为，“信任是个体特有的对他人的诚意、善良及可信赖的普遍可靠的信念”。[③] 罗伯特·D. 普特南认为，“信任是社会资本必不可少的组成部分。信任是在较稳定的社会网络中经过较长期的互动和联系，形成文化或价值观念的

① ［美］埃莉诺·奥斯特罗姆：《公共事务的治理之道》，余逊达译，上海三联书店2000年版，第70页。

② 同上书，第71页。

③ 张康之、李传之：《行政伦理学教程》，中国人民大学出版社2004年版，第384—385页。

认同之后产生的”。[①] 弗朗西斯·福山将信任界定为，“在正式的诚实和合作行为的共同体内，基于共享规范的期望”。[②] 从学界对信任概念的界定中可以概括出信任的特征：首先，信任可以产生于个人之间、组织之间和社会网络之中；其次，信任可以增加信息传递，降低信息障碍，促进协调合作，减少交易费用、增进交往，增加互惠行动。

第二，信任与社会资本的关系。关于信任和社会资本的关系，学界有如下几种经典阐述。速水佑次郎认为，信任就是一种社会资本，通过长期和多重交易产生的相互信任关系，不仅能抑制契约各方的败德行为，提高交易效率并减少与劳动分工相联系的成本，而且能在更大的社区内促进合作关系，增大社会资本。斯蒂格利茨认为，信任是社会资本的一种成分。科尔曼认为，信任是社会资本的一种形式，社会资本是信任的源泉。普特南认为，信任是社会资本的重要来源。弗朗西斯·福山指出，“信任几乎等同于社会资本，认为社会资本是从社会或社区中流行的信任中产生的能力，一个国家的福利以及它参与竞争的能力取决于普遍的文化特性，即社会本身的信任程度”。[③] 由此可见，信任是社会资本必不可少的组成部分，信任是社会资本的一个重要要素。

二　信任和自主治理制度供给关系

信任和自主治理制度供给关系可以从两个方面研究：一是自主治理制度稳定供给能够增进组织成员之间的信任。二是自主治

① ［美］罗伯特·D. 普特南：《使民主运转起来》，王列、赖海榕译，江西人民出版社2001年版，第195页。

② ［美］弗朗西斯·福山：《信任——社会美德与创造经济繁荣》，彭志华译，海南出版社2001年版，第153页。

③ 同上书，第20页。

理组织成员之间的信任能够提升制度供给效率。学界关于制度促进组织成员之间信任方面的研究颇多，而关于信任对于制度供给作用的研究较少，本书以下就信任促进自主治理制度供给效率作具体分析。在公共事务领域，自主治理制度是由公共事务领域自治组织成员自主供给。自主治理制度具备公共物品特性，因而自主治理制度供给中存在着“搭便车”行为，集体行动的困境在自主治理制度供给中也不可避免。如何避免制度供给中的“搭便车”行为，增强集体行动的一致性，提升集体行动效率，快速高效供给自主治理制度，缩减制度供给成本，是自主治理组织成功运作的关键。

信任对集体行动的产生帮助很大，当社会关系处于高度信任状态，人们将有较高的意愿与他人进行交易或合作性的互动。涂晓芳、汪双凤指出，“一个社会的信任、合作水平决定了集体行动的效率”。[①] 制度供给是一种集体行动，制度供给能力的强弱取决于委托代理人之间的信任水平的高低。信任能减少制度供给主体之间的信息不对称，加深集体行动成员相互间了解，避免囚徒困境，减少非合作的可能性，使公共事务领域自主治理组织达成成员集体高效、低成本的一致性行动，建造低成本、高效率的供给自主治理制度。

三　自治组织的社会资本积累与突破自主治理制度供给困境

自主治理制度是一种公共物品，自治组织成员在供给自主治理制度时存在着“搭便车”行为，导致自主治理制度供给的困境。超越自主治理制度供给困境的途径在于提升自治组织成员的集体行动效率，防止发生“搭便车”行为。而自主组织成员能

---

① 涂晓芳、汪双凤：《社会资本视域下的社区居民参与研究》，《政治学研究》2008 年第 3 期。

否采取集体行动的问题，实质上是自主组织内部成员是否存在充分的信任关系。社会资本理论就是通过对信任、社会网络等问题开展卓有成效的研究，为解决集体行动的困境提供启示。

由此，自治组织社会资本的积累也能为自治组织成员供给自主治理制度提供可行路径。增进自主治理制度供给主体之间的信任水平能够超越自主治理制度供给困境，提升自主治理制度供给效率，而信任是社会资本的一个重要要素，培育自治组织的社会资本可以增进自治组织成员之间的信任，因而自治组织的社会资本积累有利于提升自主治理制度供给效率。我们可以通过对自治组织社会资本内涵和功能的分析得出以上观点。

第一，就自治组织社会资本内涵而言，自治组织社会资本是以网络状态存在的，自治组织内外个人、组织之间的社会信任关系形成网络化的联结，从而保持组织、人际间的即时、高度弹性化的相互联通以及资源、能力的动态整合与协作。由此可见，由于自治组织社会资本的存在，自治组织成员彼此之间信任度高，自治组织供给自主治理制度效率高。正如李华民在《社会资本投资及制度变迁绩效》中指出，“制度供给效率提升，一方面依赖于正式制度的不断创新，另一方面依赖于传统社会资本的重新聚合与新型社会资本的构建”。[①] 总之，包含网络、信任与规范的社会资本能够通过网络中信息的交流、个体间彼此承担的义务与期望，遵从规范，建立信任以达成合作，从而提高整体公共事务领域中制度供给的效率。

第二，就自治组织社会资本的功能而言，其功能主要体现为：一是减少自治组织内部交易费用，降低管理成本。二是降低不确定性和风险，减少机会主义行为。三是提高自治组织的组织效率。由此可见，积累自治组织社会资本在自主治理制度供给中

① 李华民：《社会资本投资及制度变迁绩效》，《经济学家》2003 年第 6 期。

的作用可以体现为降低自主治理制度供给成本，减少自主治理制度供给主体机会主义行为，提高自主治理制度供给效率。

公共事务自主治理制度供给存在着困境，困境的克服在于增进自主治理制度供给者之间的信任水平，提升制度供给效率，超越自主治理制度供给困境。社会资本是信任的来源，自治组织的社会资本积累在自主治理制度供给中应起到积极作用。

第二节　乡村社会资本积累与突破农民自主供给制度困境

我国农村公共服务供给存在着供给总量不足与供需结构失衡等问题，究其根源在于农村公共服务供给制度存在供给主体单一、供给职责不清与供给二元化等诸多缺陷。为超越农村公共服务供给制度缺陷，重构农村公共服务供给制度尤为必要。目前学界侧重于从政府、市场与社会三个视角探讨农村公共服务供给制度构建，但所构建农村公共服务供给制度皆无法解决农村公共服务供需结构失衡问题。鉴于此，本书主张从农民自主供给视角出发，构建农村公共服务农民自主供给制度。而农村公共服务农民自主制度构建的困境在于此种制度供给存在着二阶的集体困境。农村公共服务农民自主制度供给的二阶的集体困境的实质是农民集体行动的困境。

社会资本理论通过对信任、社会网络等问题开展卓有成效的研究，为解决集体行动的困境提供启示。社会资本积累能提升人们之间的信任度，从而提升集体行动效率，突破农村公共服务农民自主供给制度的供给困境。具体而言，乡村社会资本积累在农民自主供给制度的供给困境突破中的作用体现在三个方面：一是超越农民集体行动困境；二是提升农民之间信任度，自觉形成农民自治组织；三是克服农民过分理性和“搭便车”行为，自治组织成员自愿供给农村公共服务供给制度。

第一，积累乡村社会资本，有利于提升农民之间的信任水平，超越农民集体行动困境。具体可以从以下三个方面分析。

一是乡村社会资本能够提升自治组织成员之间的信任水平，能够促进组织成员之间的集体行动效率。斯蒂格利茨认为，信任是社会资本的一种成分。科尔曼认为，信任是社会资本的一种形式，社会资本是信任的源泉。罗伯特·普特南认为，信任是社会资本的重要来源。福山指出，信任几乎等同于社会资本。由此可见，信任是社会资本必不可少的组成部分。乡村社会资本有其独特内涵，其中之一为乡村信任。积累乡村社会资本实质就是提升村民之间信任水平。同时乡村信任是乡村社会生活的基础。它创造了社会互动中的社会关系网络和社会成员的合作，促进了自治组织成员集体行动效率的提升。

二是传统乡村社会资本已经逐步瓦解，并且传统乡村社会资本在提供公共服务方面有其消极性，在这种情况下，就需要构建新型的乡村社会资本来解决农民合作的困境。因此，必须要实现由传统乡村社会资本向现代乡村社会资本的转变。

三是积累乡村社会资本，能够克服由于农民的过分理性而形成"搭便车"行为，超越集体行动困境。吴光芸指出："乡村社会资本把微观层次的乡村居民的个体行为与宏观层次的集体选择结合在一起，以合作互利为分析前提，说明个人理性与社会理性、个人利益与社会利益能够达成统一，是集体行动中农民合作的基础。"①

第二，积累乡村社会资本有利于农民自治组织的形成。一是就自治组织的组织精神而言，自治组织的组织规则、组织文化必

① 吴光芸：《培育乡村社会资本：解决农村集体行动困境的内源基础》，《广东行政学院学报》2007年第2期。

须以现代社会资本所提倡的公民精神和权利意识、契约关系为基础。构建现代乡村社会资本为自治组织形成提供了理论基础。二是就自治组织形成的成本而言，自治组织形成成本降低需要提升农民集体合作意识和克服集体行动困境。在传统社会资本逐步瓦解的情况下，我们构建现代乡村社会资本有利于提升农民之间合作效率。

第三，积累乡村社会资本有利于突破农民自主供给制度的供给困境。农村公共服务农民自主供给制度的供给具有非排他性和非竞争性，在自主供给制度的供给过程中农民存在着“搭便车”行为，从而导致农民自主供给制度供给的二阶的集体困境，乡村社会资本积累则可以突破其困境。具体而言，乡村社会资本为农村公共服务农民自主供给制度供给提供了激励机制与约束机制，降低了其制度供给成本。

一是乡村社会资本为农村公共服务农民自主制度的供给提供了激励机制。在农村公共服务农民自主供给制度的供给过程中，由于存在“搭便车”行为，导致制度供给者当前收益和付出不相称，由此制度供给者缺乏制度供给动力，而乡村社会资本则为其提供了激励机制。乡村社会资本有利于农民将其短期利益和长期利益结合起来，增强农民之间的互惠意识，从而提升制度供给者的供给制度动力。其一，生活在同一村落或乡村社区的村民处于共同的乡村社会网络之中，农民要长期安居于此乡村社区中，农民需要积极融入乡村社会网络之中，而农民为乡村社会发展做出的点滴贡献为其长期生活积累了乡村人脉关系，即能更好地融入乡村社会。对农村公共服务农民自主供给制度的供给者而言，他们即使不能在短期内获取与其付出相称的利益，但长期而言，有其获利的可能性，因为乡村社会网络是一个资源体系和互惠体系。其二，乡村社会资本是一种乡村社会信任体系。就农村公共服务农民自主供给制度的供给者而言，其当前为乡村社会供给制度，推动乡村社会发展及合理利用乡村社会资源，提升了其在乡村社会中的信任度，为其未来利用乡村社会资源奠定了信任基础，由此为制度供给者供给制度提供了动力。

二是乡村社会资本为农村公共服务农民自主供给制度的供给提供了约束机制。乡村社会资本是一种结构网络和信任体系，同时也是一种约束条件，对农村公共服务农民自主供给制度的供给者和非供给者都提供了约束机制。其一，就制度供给者而言，如若制度供给者在制度供给过程中试图谋取私利，必定会降低其在乡村社会中的信任，缩减其在乡村社会的人脉关系，不利于其长期生活在乡村社会网络之中。其二，就农村公共服务农民自主非供给者而言，如果他们抱有“搭便车”心理，虽然在短期内获益，但长期看来，不利于其拓展乡村社会网络关系和提升乡村社会信任，从而不利于其融入乡村社会生活之中，不利于其未来利用乡村社会资源。由此可见，乡村社会资本为非制度供给者提供了约束机制。

三是乡村社会资本降低了农民自主供给制度的供给成本。乡村社会资本为农村公共服务农民自主供给者提供了激励机制，为制度供给者和非制度供给者提供了约束机制。为此，处于同一村落中的村民会共同积极参与农民自主供给制度的供给过程中。其一，就农民自主供给制度的供给者，为提升其乡村社会信任、拓展其乡村社会网络，会更加合理地利用乡村社会资源，低成本供给自主供给制度，从而提升制度供给效率。其二，就农民自主供给制度的非供给者而言，他们会积极配合制度供给者，为制度供给者供给制度提供帮助，减少了农民自主供给制度的供给阻力，促进了农民自主供给制度供给效率。由此可见，乡村社会整体村民积极为农民自主供给制度的供给贡献自己的力量，从而缩减了农民自主供给制度供给的成本，提升了农民自主供给制度的供给效率。

综上所述，农民自主供给制度供给的二阶的集体困境在于制度供给者激励不足，非制度供给者约束不足。而乡村社会资本为其提供了激励机制和约束机制，从而为农民自主供给制度的供给困境突破提供了可行性。

第三节　社会资本与桐城市 B 村自主兴修家塘制度困境的突破

一　安徽省桐城市 B 村自主兴修家塘缘起

家塘属于小型农田水利设施，而小型农田水利设施通常是指灌溉面积在 666.7 公倾以下、除涝面积在 2000 公倾以下、渠道量在 1 公倾以下的农田水利设施。安徽省桐城市自 2005—2008 年，先后实施了 5 个小型灌区和两个项目区小型农田水利建设，累计治理面积 3160 公倾，完成投资 4886 万元。但安徽省桐城市小型农田水利设施供给着重于种粮大户小型农田水利、小型水库与较大型沟渠建设等方面，而忽视家塘类小型农田水利设施建设。以桐城市 B 村为例，B 村有两方家塘，但近二十年内没有兴修过，塘内淤泥厚积，储蓄水量逐年缩减，遇到大旱天气，周围农田灌溉成为一大难题。另外 B 村家塘同周家湖（距离 B 村约 2 里的小型水湖）之间的引水沟渠近十五年未有兴修，乡村内引水沟渠大多废弃。

据笔者调查，桐城市 B 村多年没有兴修家塘类小型农田水利设施的原因主要有四：一是资金缺乏。主要原因是地方政府在兴修小型农田水利设施中，重视较大型农田水利设施和示范工程建设，而忽视家塘类小型农田水利设施资金投入。即使 2005 年中央财政设立了小型农田水利工程建设补助专项资金，以“民办公助”方式支持各地开展小型农田水利建设，桐城市成为小型农田水利设施建设重点县，该市也没有将资助资金用于家塘类小型农田水利设施建设。二是人力缺乏。桐城市外出务工人员较多，驻守农村的男性劳力缺乏。以B村为例，大部分村民在外地做塑料生意，甚至有多年不归乡者，B村种田农户年龄大多在55岁以上，40岁以下农户已很少种田。三是池塘类小型农田水利设施供给没有形成制度化。B村只有在发生特大旱情时，农民才会抱怨家塘多年没有兴修，然后临时决定兴修，而往往并未付诸实施。四是B村“一事一议”制度运转不良，村委会并没有发挥其在农村公共服务供给中的领导作用。

2010年冬，B村所在的S镇发起了兴修家塘的号召，但地方政府没有出面组织，没有给予资金，仅停留在号召层面。而B村自主兴修家塘是在地方政府未给予资金支持和正式领导的背景下进行的，因而笔者认为B村兴修家塘行为是典型的农民自主供给农村公共服务行为。同时桐城市B村村民试图将兴修家塘行为制度化，形成农民自主供给农村公共服务制度，其将能更加稳定与持续地供给农村公共服务。

二　桐城市B村农民自主兴修家塘制度的供给困境

（一）桐城市小型农田水利设施供给制度现状

随着我国农村市场化和社会化改革推进，桐城市小型农田水利设施供给制度逐步实现多元化，大抵包括政府供给制度、市场供给制度和社会供给制度等方面。小型农田水利设施属于农村公共服务，其供给具有准公共物品特性。而作为小型农田水利设施之一的家塘，其供给制度也包括政府供给制度、市场供给制度与社会供给制度等制度形式，但桐城市B村试图进行公共服务供给制度创新。

第一，就政府供给制度而言，此种供给制度是指政府在出资、决策、兴修和监管小型农田水利设施过程中形成的一整套制度。此种制度供给主体为各级政府，因而制度供给不存在困境。然而桐城市政府在兴修小型农田水利设施过程中，主要着眼于小型灌溉区和项目区农田水利设施建设。桐城市自2005年实施小型农田水利项目建设以来，5年累计完成土方79.896万立方米，石方2.2101万立方米，砼及钢筋砼1.1101万立方米，开挖、疏浚、整修沟渠252.75公里，灌溉渠道防渗硬化长度74.806公里，桥涵闸配套建筑物1578座，修建田间机耕道路93.90公里，修建水源工程23处，新建、整修提水灌溉站25座，总装机容量339.5千瓦。共实现有效灌排面积9.75万亩，其中改善灌溉4.745万亩，改善除涝面积4.085万亩，新增旱涝保收农田0.92万亩，年新增节水能力570万立方米，年新增生产能力261.47万公斤，年新增经济作物产值486万元。由此可见，桐城市政府在小型农田水利设施供给中取得了显著成就，但忽视了规模更小的家塘及沟渠修建，很多村庄已经有二十年没有兴修家塘及沟渠。

第二，就市场供给制度而言，此种制度是指政府在出资、决策和兴修外包小型农田水利设施过程中所形成的一套供给制度体系。桐城市借小型农田水利设施重点县建设东风，积极推动小型农田水利设施服务外包制度构建，主要采取招标形式，由政府提供资金，而小型农田水利设施兴建具体由专业公司来完成。如2008年10月16日，安徽省江河水利水电工程监理咨询有限公司（招标代理人）受桐城市水利局（招标人）委托，对桐城市小型农田水利设施建设补助项目工程进行国内公开招标。小型农田水利设施市场供给制度有着严格的程序，具体包括决策、筹资、生产、运作和监管等制度，因而此种制度供给也不存在困境。但地方政府在运用此种制度供给小型农田水利设施过程中侧重于地方政府的政绩工程和示范工程，而忽视小规模农村公共服务供给。如总投资1370万元的桐城市现代化灌排渠系示范片建设正在青草镇夏星片全面实施，工程于2010年6月底全部完工后，示范区内将渠系完善，路桥通达，近万亩农田灌排自如。又如桐城市双港镇 2011 年年底召开了“今冬明春水利兴修专题会议”，掀起了新一轮水利兴修热潮。该镇水利兴修计划任务为 30 万方，明确了 9 项重点工程，其中桐城市水利兴修重点工程 1 项，镇重点工程 8 项，涉及 12 个行政村。

第三，就社会供给制度而言，当前农村公共服务社会供给制度主要是指农民自主供给制度，此种制度是指农民在自主筹资、自主决策、自主兴修与自主监管小型农田水利设施过程中所形成的一整套制度。如 2011 年年底安庆市水利局局长和市防汛办负责人陪同督查了双港、新渡、青草、范岗等镇的农田水利基本建设工程。他们一行来到范岗镇樟枫村解放当家塘兴修工地上，该局长深有感触地说：“农民自筹资金整修当家塘，投入如此之多、规模如此之大实属少见。”但此种农村公共服务供给制度存在制度供给困境，因为此种制度由农民自主供给，农民在自主供给农村公共服务过程中存在着制度供给的二阶的集体困境。

综上所述，安徽省桐城市近年来借小型农田水利建设重点县东风，积极推进小型农田水利设施建设，其小型农田水利设施供给制度实现了多元化，而地方政府在规模更小的家塘与灌溉沟渠类小型农田水利建设中流于形式，而农民自主供给制度又存在制度供给的二阶的集体困境。另外安徽省桐城市农田水利设施建设有搞示范工程之嫌，近年来水利设施兴修集中于几个镇和几个村的典型工程建设，大部分农村家塘类水利设施并没有兴修，笔者走访了近十个行政村，近二十年来，池塘和沟渠未从兴修过。

（二）乡村社会资本与桐城市 B 村自主兴修家塘制度供给困境突破

第一，B 村村民自主兴修家塘制度化。当前安徽省桐城市兴修小型水利设施主要局限有四：一是忽略了微型农田水利设施兴修，如家塘及水田沟渠兴修；二是微型农田水利设施兴修没有形成固定制度，只是在特殊情形下的暂时行为，如一般在出现旱情后才会有兴修家塘的想法，其是一种临时集体行为，因而不能长期贯彻；三是资金来源存在问题，当前，“一事一议”制度难以实施，其原本是村民自主筹资制度的客观基础；四是现有供给制度不完善和制度供给成本高，如作为子制度的决策制度、筹资制度、监管制度和问责制度不完善。

为此，桐城市B村出现了农民自主修建沟渠现象，自主修建并不是由B村所在行政村组织，而是自然村庄自主修建。但在修建过程中出现了多种问题：一是决策问题；二是资金来源问题；三是修建过程中人力问题；四是修建的监督问题。之所以出现这些问题，笔者认为是由于B村村民在临时性集体行动过程中的必然困境。

针对B村在自主兴修家塘过程中出现的问题，B村有村民建议将B村村民这种自主兴修家塘行为制度化，但在此种制度供给过程中同样遇到了一系列问题，笔者将这些问题归结为自主兴修家塘制度的供给困境，其主要原因在于村民之间信任度欠缺，而B村的以上制度供给问题是由该村徐姓社会精英着手解决的。徐姓社会精英在解决整个问题过程中，充分发挥乡村社会资本的作用。笔者认为，B村此种制度供给行为是乡村社会资本在农民自主制度供给过程中发挥作用的典型案例。

第二，B村自主兴修家塘制度供给困境。B村自主兴修家塘行为及其兴修家塘行为制度化过程中遇到了一些困境。具体而言，B村自主兴修家塘制度由徐姓家族精英组织实施，并形成固定的兴修动员制度、筹资制度、兴修制度和监管制度，从而得以使自主兴修家塘制度化。B村自主兴修家塘制度化过程中曾出现以下问题：一是B村同姓村民不愿意参会，而异姓村民则抱怨无法参会；二是B村大多徐姓村民不愿意担任制度供给主体，而一些小姓村民如戴姓则表现更为积极，因而具体由谁组织成为制度供给困境之二；三是B村参会村民对于自主兴修家塘制度的具体内容有过异议，具体体现在决策制度、筹资制度、修建制度和监管制度等方面。笔者将 B 村村民自主兴修家塘行为及其制度化困境归结为 B 村村民的“搭便车”行为而造成集体行动困境，其致使制度供给成本高和供给效率低下。

第三，乡村社会资本、信任增进与 B 村制度供给困境突破。B 村自主兴修家塘制度供给困境在于农民之间的信任度低，在自主筹资、决策、运作和监管过程中都存在着信任缺失问题，从而增加了制度供给成本。为此，提升农民之间的信任度尤为关键。而 B 村对于制度困境的解决，制度供给成本的降低得益于传统乡村社会资本的融合。其一，就筹资制度而言，B 村资金供给制度主要为村民自愿供给制度和乡村社会精英供给制度；其二，就决策制度而言，由村民集体参与决策，其更能了解村民的真实需求；其三，就兴修制度而言，由于村民更了解当地实情，因而能够自主积极地参与其中；其四，就监管制度供给而言，在 B 村浓厚的传统乡村社会资本下，形成监管制度后，监管制度运作成本低。

但 B 村自主兴修家塘行为及其制度化的局限在于：一是其制度运作局限于同姓村民，一般为同宗同族；二是遵守了共同的乡村规约；三是局限于同一乡村社会关系网络中；四是存在与其他自然村庄的融合问题。由此可见，B 村兴修自主家塘制度若要有可推广性，必须突破其地缘和血缘藩篱，突破其地域性和狭隘性，为此必须重构乡村社会资本，树立新的乡村社会信任、信任规范和拓展乡村社会网络。

三　案例小结

桐城市 B 村农民自主兴修家塘制度供给困境在于农民自主供给制度的“搭便车”行为，及其所带来的高制度供给成本。而 B 村的传统乡村社会资本则提升了农民之间的信任度，从而突破了其制度供给的二阶的集体困境，但传统乡村社会资本建立在血缘、地缘和亲缘关系基础之上，具有狭隘性与不稳定性等局限，为此，要实现农民自主供给行为制度化则需要实现B村乡村社会资本由传统向现代的转变。

小　结

我国农村公共服务供给总量不足和供需结构失衡，原因在于我国农村公共服务供给制度存在着制度缺陷。为克服我国农村公共服务供给问题和供给制度缺陷，构建农村公共服务农民自主供给制度尤为必要。但农民自主供给制度的供给存在二阶的集体困境。基于社会资本在公共事务自主治理制度供给困境突破中作用的理论分析，本书认为乡村社会资本在农村公共服务农民自主制度供给困境突破中发挥着积极作用。而安徽省桐城市B村村民自主兴修家塘行为及其制度化过程中遇到的困境及其突破，证明通过乡村社会资本，提升农民之间的信任度能够突破其制度供给困境。然而传统的乡村社会资本有其局限性，要更好地发挥乡村社会资本在农村公共服务供给制度困境突破中的功能，重构乡村社会资本尤为必要。

第七章　乡村社会资本与公共服务农民自主供给制度效率的提升

我国农村公共服务供给存在诸多问题，而其问题实质在于当前农村公共服务供给制度效率低下与制度供给不足。为此，创新农村公共服务供给制度，增加制度供给，实现农村公共服务供给制度多元化尤为必要。本书认为，当前我国应当构建农村公共服务农民自主供给制度。为突破农村公共服务供给困境，必须在构建农民自主供给制度基础之上，积极提升其制度效率。

从农民集体行动效率维度出发，公共服务农民自主供给制度效率提升的关键在于提升其制度约束下的农民集体行动效率，即提升农民集体自主供给农村公共服务效率，而乡村社会资本在提升农民自主供给效率中发挥着积极作用，从而在提升其制度效率中发挥着重要作用。

第一节　集体行动效率、制度效率与农民自主供给制度效率

一　集体行动效率

当前集体行动效率研究主要集中于效率缺乏原因与效率提升途径两方面。首先，就集体行动效率缺乏原因而言，其主因是集体行动困境。具体而言，集体行动困境主因包括“搭便车”行为、个体异质性及个人利益与集体利益的冲突等方面。曼瑟尔·奥尔

森认为，“典型的大型组织中个体成员的地位与完全竞争中企业的地位，或国家里纳税人的地位相似：他个人努力不会对他的组织产生显著的影响，而且不管他是否为组织出过力，他都能够享受其他人带来的好处”。① 曾军平则指出，“个体异质性也使集体行动呈现出负面的集团规模效应”。② 而张江华认为，“集体经济的失效也正来自于在该制度框架下，个体对效用最大化的追求将导致对集体公共利益的漠视”。③ 其次，就集体行动效率改进途径而言，当前学界持有不同主张。有学者认为，实现集体行动效率存在理论困境。如苏振华和常伟（2008）指出，“集体行动效率实现存在偏好表露的不可能性困境和社会选择集结偏好的不可能性困境”。④ 而钟祥财则认为，集体行动效率能否实现要视具体情况而定，他指出，“在常态条件下，集体行动一般是缺乏效率的；而在特殊压力下，集体行动可以是具有效率的”。⑤ 但也有学者乐观地指出了提升集体行动效率的具体途径。如胡小江认为，降低单个企业对集体行动成本分担，能提高集体行动效率。⑥

本书认为，以往关于集体行动效率研究存在视角单一与忽视成本—收益分析方法等局限。集体行动效率有其提升途径，但必须具备以下条件：一是个人理性和集体理性的一致性达成；二是

---

① ［美］曼瑟尔·奥尔森：《集体行动的逻辑》，陈郁、郭宇峰、李崇新译，格致出版社、上海三联书店、上海人民出版社 1995 年版。

② 曾军平：《集体行动的个体异质效应研究》，《财经研究》2004 年第 3 期。

③ 张江华：《工分制下的劳动激励与集体行动的效率》，《社会学研究》2007 年第 5 期。

④ 苏振华、常伟：《公共选择视角下的集体行动效率及其制度含义》，《经济理论与经济管理》2008 年第 6 期。

⑤ 钟祥财：《特殊压力下集体行动的逻辑——对计划体制的一个经济学解释》，《上海经济研究》2010 年第 3 期。

⑥ 胡小江：《中小企业集群的集体行动困境博弈分析》，《统计与决策》2010 年第 24 期。

集体行动成员需求偏好的明确表达；三是降低集体行动的动员成本、直接资源成本、激励成本及监督成本。

二　制度效率

对于效率的定义，经济学可以给予其若干种解释，从帕累托定律到社会正义、从成本最小到收益最大，都可以对其进行界定和描述。尽管制度经济学对以新古典理论为代表的效率理论进行了批判，并强调效率必须在一定制度框架下进行界定，但是“制度效率”以及“一定制度框架下的效率”两者之间有联系又有区别，再加上对于“制度”理解上存在的分歧，导致对于制度效率的判断存在分歧。① 制度效率的含义是指在一种约束机制下，参与者的最大化行为将导致产出的增加；而制度的非效率则是指参与者的最大化行为将不能导致产出的增加。制度是否符合效率标准有两层含义，第一层次表现在制度安排本身的形成与实施中，当制度收益一定时，制度设计、制度维护、制度实施过程中所付出的各种人力、物力、财力和时间等的最小化；第二层次是指制度的社会性效率，或者说制度的资源配置效率，是指在既定的制度框架下，人们从事交易所花费的成本最小而收益最大，即制度将社会的交易成本和不确定性降到了最低点，资源配置实现了帕累托最优。② 为此本书认为，制度效率取决于在此制度约束下的集体行动效率。

三　农民自主供给制度效率

农村公共服务农民自主供给行为是一种典型的农民集体行

---

①　俞晓晶：《制度经济学与制度效率文献综述》，《合作经济与科技》2011 年第 6 期。

②　林燕：《征地制度评价：合利性、合理性、合法性》，《农村经济》2009 年第 3 期。

动，而农村公共服务农民自主供给制度实质是为确保农民自主合作，集体一致供给农村公共服务行为的一系列规则。农民自主供给制度效率提升的关键是确保农民自主供给农村公共服务效率提升。当前我国农村公共服务农民自主供给效率低下的根源在于其成本过高。而积累乡村社会资本有利于降低农村公共服务农民自主供给成本，提升农村公共服务农民自主供给效率，从而提升农民自主供给制度效率。

第二节　乡村社会资本与农民自主供给制度效率的作用路径

社会资本则为集体行动效率提升条件的实现提供了可能性。具体而言，第一，社会资本的社会网络特质与交易成本降低。埃莉诺·奥斯特罗姆指出，“社会资本是关于互动模式的共享知识、理解、规则、规范和期望，个人组成的网络群体能够利用这种模式来完成经常性活动”。[①] 由此，在经济活动中，通过嵌入社会资本可以降低交易成本，弱化“搭便车”行为，提高经济绩效。第二，社会资本的信任特质与交易成本降低。徐淑芳认为，“信任有益于经济活动，这是因为它能减少交易成本，促进人与人之间、组织之间、人与组织之间的合作”。[②] 第三，社会资本的社会规范特质与激励机制更加完善。陆铭和李爽认为，“至少存在两条不同的路径使社会资本能够作用于经济增长：一是社会资本作为资本的一种形式直接作用于经济增长；二是社会资本表现为非正式制度的形式，通过影响参与人的激励、预期和

① ［美］埃莉诺·奥斯特罗姆：《社会资本：流行的狂热抑或基本的概念?》，龙虎编译，《经济社会体制比较》2003 年第 2 期。

② 徐淑芳：《信任、社会资本与经济绩效》，《学习与探索》2005 年第 5 期。

行为来影响增长”。[①] 由此可见，社会资本的社会网络、信任与社会规范等特质可以弱化“搭便车”行为、促进合作与完善激励机制，从而为集体行动效率提升条件的实现提供路径。

农村公共服务农民自主供给是一种典型的集体行动，其效率之提升在于发挥乡村社会资本作用。当前学界不乏与此相关的研究，如吴淼指出，“在当下的中国农村，公共产品供给效率的核心就在于国家、社区公共权力和村民相互间合作的难易程度。因此，构造农村公共产品供给中的合作机制是提高公共产品供给效率的关键，而社会资本对于农村中的合作有极大的作用，无疑将极大地提高公共产品供给效率”。[②] 本书认为，提升农村公共服务农民自主供给效率的关键在于增进供给者和需求者之间的信任，而乡村社会资本则有利于提升二者之间的信任。

在分析提升集体行动效率和农村公共服务农民自主供给效率的可行性基础上，应用“成本—收益分析”方法，本书具体分析社会资本与集体行动效率提升的相关性，乡村社会资本与农村公共服务农民自主供给效率之间的作用规律和作用路径。

第三节　社会资本与集体行动效率提升

一　集体行动效率提升途径

（一）集体行动动力机制改进与集体行动效率提升

改进集体行动动力机制能够降低集体行动的动员成本，提升集体行动效率。集体行动动力来源于集团内部和外部两个方面：

---

① 陆铭、李爽：《社会资本、非正式制度与经济发展》，《管理世界》2008 年第 9 期。

② 吴淼：《基于社会资本的农村公共产品供给效率》，《中国行政管理》2007 年第 10 期。

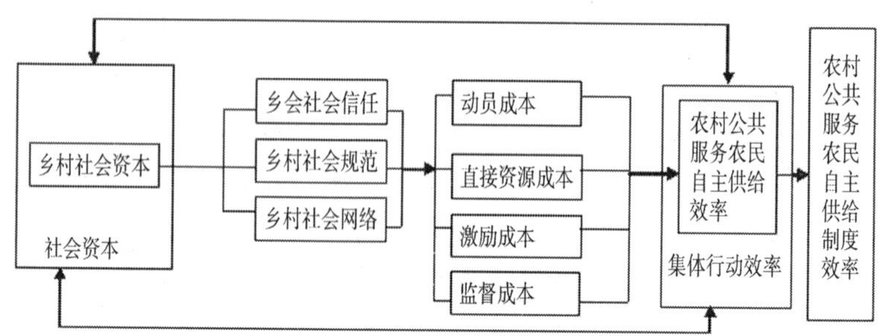

图 7－1　乡村社会资本与农村公共服务农民自主供给制度效率作用路径

第一，就集团内部的动力机制而言，一是集体行动组织者的强制动员。李怀和贺灵敏指出，强制动员包括硬强制动员和软强制动员两个方面。[①] 二是集体行动组织成员的理性行动。学界对此持不同看法，“亚当·斯密认为，个人的理性选择——达到个人未预期的结果：集体的理性；曼瑟尔·奥尔森指出，个人的理性选择——达到个人未预期的结果：集体的非理性；安东尼·吉登斯则认为主体有目的的行动——达到未预期的后果：该后果成为继续行动的条件”。[②] 三是集体行动成员的自我利益诉求。如李春锋指出，“后税改时代农民增强了自己的主体意识，开始向政府亮出自己的身份，主动向政府争取自己的国民权益”。[③] 又如刘涛认为，“利益的无法表达会导致集体的行动”。[④]

① 李怀、贺灵敏：《集体行动的内部动员过程——硬强制动员与软强制动员》，《华中科技大学学报》（社会科学版）2009 年第 5 期。

② 李培林：《理性选择理论面临的挑战及其出路》，《社会学研究》2001 年第 6 期。

③ 李春锋：《后税改时代的农民集体行动逻辑研究——兼与于建嵘老师商榷》，《成都大学学报》（社会科学版）2010 年第 4 期。

④ 刘涛：《农民集体行动研究的理论基础、进展与方向》，《福建行政学院学报》2009 年第 5 期。

第二，就集团外部的动力机制而言，一是集团外部的压力致使集体行动的发生。于建嵘认为，“当‘集团’并没有明确的边界即还没有形成较明确组织形态时，社会群体中的部分成员为了改变某一社会政策或社会现实所进行集体行动，其真正原动力不是来自‘集团’内部的‘奖罚分明’，而更主要的来自‘集团’外部的压力”。[①] 二是集体行动动力机制良好运作依赖于乡村社会资本。贺雪峰指出，“在熟人社会中，人们的行为类似于多次博弈，行动者会预期总收益的大小。在传统的中国乡村社会，同一村庄的村民不会为获得一次性收益，而破坏今后收益的可能性”。[②] 由此基于乡村社会资本视角，集体行动成员在个人利益与集体利益发生冲突时，个人行动倾向与集体行动保持一致。

由此可见，集体行动的内部动力来源于集团组织者的强制动员、集体行动组织成员的理性、组织成员自我利益诉求；集体行动的外部动力源自集体行动组织的外部压力与乡村社会资本。因而，提升集体行动组织者的强制动员能力，完善集体行动组织成员的利益诉求机制，积累集体行动组织的社会资本，可以激发集体行动组织成员一致行动，从而提升集体行动效率。

（二）集体行动激励机制完善与集体行动效率提升

集体行动激励包括对集体行动组织者和集体行动成员激励两个方面。完善集体行动激励机制可以提升集体行动组织者及其成员集体行动的积极性和一致性，从而提升集体行动效率。具体而言，第一，对集体行动组织者的激励。朱林可指出，“对带头人的激励机制、参与人之间的榜样示范机制、对强搭便车者的惩罚

---

① 于建嵘：《集体行动的原动力机制研究——基于 H 县农民维权抗争的考察》，《学海》2006 年第 2 期。

② 贺雪峰：《农民行动逻辑与乡村治理的区域差异》，《开放时代》2007 年第 1 期。

机制，这三者构成了集体行动成功的充分条件”。[①] 第二，对集体行动成员的激励，包括利益激励、行为激励和理念激励。一是对集体行动成员的利益激励。曼瑟尔·奥尔森认为，由于个人理性与集体理性存在着矛盾，组织必须提供一种独立的和“选择性”的激励才能使理性个体采取有利于集团共同利益的行动。二是对集体行动成员的行为激励。集体行动成员拥有自主退出权和监督权尤为关键，退出权和监督权的散失会导致集体行动效率低下。三是对集体行动成员的理念激励。陆自荣指出，“以涂尔干为代表的集体观念论认为，解释集体行动必须强调社会（集体）的观念本质”。[②]

二　社会资本与集体行动效率提升途径

集体行动效率提升需要解决以下两个问题：第一，超越集体行动困境；第二，降低集体行动成本。社会资本在以上两个问题的解决中发挥着关键作用。其一，就社会资本与超越集体行动困境而言，社会资本通过超越集体行动中的“搭便车”行为而使集体行动成为可能。其二，就降低集体行动成本而言，集体行动成本可以细分为动员成本、直接资源成本、激励成本和监督成本四个组成部分。社会资本在降低集体行动成本中发挥着桥梁作用，是提升集体行动效率的关键变量。

（一）社会资本与超越集体行动困境

曼瑟尔·奥尔森认为，个人在参与集体行动前的个人理性具体包括个人获益度、效益独占的可能性以及组织成本三个方面。

---

① 朱林可：《集体行动中的搭便车问题和行业协会》（http://doc.mbalib.com/view/039db42dc90—e6c245811bd3b4480234b.html，2010—11—06）。

② 陆自荣：《观念是利益的表达——对集体行动困境的反思》，《马克思主义与现实》2009年第5期。

同时他认为，个人理性不是实现集体理性的充分条件。那么如何将个人理性和集体理性结合起来呢？埃莉诺·奥斯特罗姆从社会资本维度探讨了超越集体行动困境的可能性途径。她认为，当人们在这样的环境中居住了相当长时间，有了共同的行为准则和互惠的处理模式，他们就拥有了解决公共池塘资源使用中的困境而建立制度安排的社会资本。在探索超越集体行动困境可行性路径的基础上，埃莉诺·奥斯特罗姆进一步提出提升集体行动效率的议题，她指出，如何通过社会资本实现低成本的合作效能是集体行动的关键所在。由此可见，积累社会资本成为超越集体行动困境与提升集体行动效率的可行路径。

（二）社会资本与降低集体行动成本

第一，社会资本、集体行动组织构建与降低集体行动动员成本。降低集体行动动员成本的关键在于构建集体行动组织，降低集体行动交易费用。根据公共选择理论，集体行动存在交易费用，而构建集体行动组织能降低交易费用。如秦晖指出，“如何降低交易费用？只要有经常性的交易要求，人们自然会演变出某种组织来整合交易、降低费用”。[①] 而构建集体行动组织的关键在于显示集体行动成员偏好、构建集体行动信任机制以及赋予集体行动成员自愿加入权和自由退出权。社会资本在降低集体行动组织构建成本中发挥着重要作用。其一，长期形成的社会资本网络体系更易于集体行动组织者了解集体行动成员偏好；其二，社会资本的信任内涵能够促进集体行动组织信任机制构建；其三，社会资本的互惠规范内涵能促进集体行动成员自愿加入权与自由退出权的制度化建设。

第二，社会资本与降低集体行动直接资源成本。集体行动直

① 秦晖：《关于“交易费用”理论的反思》（http：//www.eeo.com. cn/observer/eeo_ special/2006/02/22/44793.shtml，2006—2—22）。

接资源成本主要是指集体行动组织运作成本，包括达成集体行动目标成本、集体行动成员参与成本及组织者与组织成员之间的协调成本三个方面。其一，一定的社会资本可以形成集体行动成员之间的信任关系以及集体行动成员参与集体行动的关系网络，在此基础上集体行动成员易于达成一致目标，从而降低达成集体行动目标成本。其二，集体行动成员参与成本主要是集体行动组织成员集体行动中因投机而产生的交易成本。社会资本的社会网络结构特质能降低此种成本。正如刘春荣指出，“社会资本在一般意义上被界定为一种嵌入于社会关系和社会结构之中的行动资源，这种资源可以增进集体行动的能力，减少人际互动过程中因投机而产生的交易成本”。[①] 其三，降低协调成本。高春芽指出，“社会资本通过传递集团成员具有合作意向的信息，约束狭隘的利己行为、简化签署协议过程、节约社会成本”。[②] 由此可见，社会资本可以降低组织者与组织成员之间的协调成本。

第三，社会资本与降低集体行动激励成本。随着集体行动组织规模的不断扩大，激励成本也不断上升，导致集体行动效率不断下降。其一，社会资本通过其网络规模扩张传递激励信息，从而降低激励成本。其二，社会资本的信任特质促使集体行动成员易于了解集体行动组织者激励动机，从而降低激励成本。其三，社会资本的规范特质约束集体行动组织者激励行为，从而降低激励成本。

第四，社会资本与降低集体行动监督成本。集体行动监督成本主要是指集体行动组织成员监督集体行动组织者分配集体行动

① 刘春荣：《国家介入与邻里社会资本的生成》，《社会学研究》2007 年第 2 期。

② 高春芽：《社会资本视域中的集体行动机制变迁》，《中共中央党校学报》2008 年第 6 期。

资源而产生的成本。社会资本的信任、规范和网络结构内涵在降低集体行动监督成本中发挥着重要作用。其一，社会资本长期形成了一种信任关系，集体行动组织者与成员之间彼此相互信任度高，从而降低了他们之间的信任机制构建成本。其二，社会资本规范约束着集体行动组织者行为，降低了由集体行动成员专门设立机构约束集体行动组织者而产生的约束成本。其三，集体行动组织者和成员之间因长期形成的网络结构而使彼此之间信息传递迅速，信息传递成本大为降低。

第四节　乡村社会资本与农民自主供给制度效率提升

当前农村公共服务农民自主供给制度效率低下在于其制度约束下的农民自主供给效率低下，而提升其效率的关键在于降低农村公共服务农民自主供给成本。根据农村公共服务农民自主供给的阶段划分，笔者将其成本细分为公共服务供给动员阶段的动员成本、公共服务供给过程中的直接资源成本和激励成本、公共服务供给后的监督成本。乡村社会资本则是降低农村公共服务农民自主供给成本的关键变量。

第一，乡村社会资本、农村公共服务农民自主供给动员成本降低与农民自主供给公共服务制度效率提升。动员成本包括两个方面：一是构建农民自治组织成本；二是农村公共服务农民自主供给动员阶段的组织成本。就农民自治组织构建成本而言，降低农民自治组织构建成本需要提升农民合作意识和超越农民集体行动困境。乡村社会资本由于其独特的信任、乡村规范和乡村社会网络等特质，可以增进农民之间的信任，促使农民摆脱短期的个人理性行为，增强合作意识，积极参与农民自治组织构建。就农村公共服务农民自主供给组织成本而言，乡村社会资本在降低农民集体行动阻力、激发农民参与集体行动、降低集体行动组织成本中扮演着关键性角色。首先，在农村公共服务农民自主供给决策阶段，农民之间的乡村信任使信息公开机制和农民参与机制高效运作，降低决策成本。其次，遵循共同乡村社会规范的单个农民在自觉参与农民自主供给公共服务过程中，参与成本因此而降低。最后，乡村社会网络促使农村公共服务供给的信息快速传递，农民更易了解公共服务供给决策现状和农村公共服务供给准备现状，从而降低农村公共服务农民自主供给的协调成本。

第二，乡村社会资本、农村公共服务农民自主供给直接资源成本降低与农村公共服务农民自主供给效率提升。农村公共服务农民自主供给直接资源成本包括人力和资金两个方面。就人力成本而言，降低人力成本的关键在于调查农村公共服务供给现状和农村公共服务需求现状，从而促使农民积极参与农村公共服务自主供给，实现农村公共服务供给均衡。乡村社会资本在此发挥着重要作用。首先，就降低调查农村公共服务供给现状成本而言，乡村社会资本网络结构特征易于将农村公共服务供给现状传递给公共服务需求者，从而降低了此方面成本。其次，在降低调查农村公共服务需求现状成本方面，显示个人偏好不仅需要花费一定的金钱，而且还要耗费时间和精力。就农村公共服务需求偏好而言，公共服务供给者通过乡村社会信任和乡村社会网络更易了解公共服务需求者需求偏好，从而降低公共服务需求偏好显示成本。就资金而言，乡村社会资本在农村公共服务农民自主供给资金筹集和运用中发挥着重要作用。首先，在资金筹集成本方面，由于农民处于一定的乡村社会网络中，所以农民更易理解农村公共服务供给现状，农民易于自愿出资。其次，在资金运作成本方面，乡村社会资本的信任内涵促使农民更易信任农村公共服务组织者的资金运作行为，从而降低由于监督资金运作而产生的成本。

第三，乡村社会资本、农村公共服务农民自主供给激励成本降低与农村公共服务农民自主供给效率提升。农村公共服务农民自主供给激励成本主要来自了解农民公共服务真实需求和强化农民参与意识两个方面。而乡村社会资本在降低以上两种成本中充当着重要角色。首先，乡村社会资本的乡村社会网络特质能够降低了解农民公共服务真实需求的成本。其次，乡村社会信任、乡村社会规范和乡村社会网络能降低强化农民参与意识的成本。乡村社会信任使农村公共服务供给参与者易于理解和接受农村公共服务供给组织者的供给动机和供给行为；乡村社会规范约束农村公共服务供给组织者的供给行为，由此农村公共服务供给组织者以权谋私的可能性小，农村公共服务参与者易于响应农村公共服务组织者号召，达致一致行动；乡村社会网络易于农村公共服务供给组织者将供给信息传递给农村公共服务参与者，强化农民参与意识。

第四，乡村社会资本、农村公共服务农民自主供给监督成本降低与农村公共服务农民自主供给效率提升。在农村公共服务农民自主供给后期阶段存在着两个后续问题：一是如何实现农村公共服务分配公平和分配正义；二是如何克服农村公共服务使用过程中的“公地悲剧”问题。解决第一个问题的关键在于监督农村公共服务农民自主供给组织者，确保其能合理分配农村公共服务；解决第二个问题的关键在于监督农村公共服务农民自主供给参与者，确保其能超越短期行为，发挥农村公共服务的长期效用。因而，在农村公共服务农民自主供给后期阶段则产生了监督成本，而乡村社会资本的乡村信任和乡村规范则有利于降低监督成本。具体而言，长期博弈形成的乡村社会信任使农村公共服务自主供给者与需求者之间的信息不对称程度大为降低，从而使监督成本也大大降低。而乡村社会规范已成为农村公共服务自主供给组织者的约束机制，约束着农村公共服务供给组织者合理分配农村公共服务，同时促使农村公共服务需求者将其当前利益和长远利益结合起来，从而超越农村公共服务使用的“公地悲剧”困境。

第五节 案例分析：乡村社会资本与农民自主供给制度效率

本书缘于2010年年底笔者对安徽省桐城市F村村民自主修路的观察和思考。笔者系统调查了安徽省桐城市F村村民自主修路缘起、修路决策达成、道路修建、道路修建后的监管和维护过程。通过调查研究，笔者发现整个修路过程由F村村民自主发起、自主出资、自主修建及自主维护，地方政府并未参与其中。F村村民自主修路得以顺利进行，其关键在于乡村社会资本在F村村民自主修路过程中发挥了黏合剂作用。具体而言，乡村社会资本在降低F村村民自主修路成本与提升自主修路效率中发挥着重要作用。

一 安徽省桐城市F村村民自主修路缘起

安徽省桐城市F村位于桐城市西南部，与安徽省安庆市宜秀区交界，F村偏离桐城市区，距离大约为40公里，同时F村距离安庆市区约40公里，F村独特的地理位置致使F村在桐城市“农村公路村村通”工程建设中没有得到应有的重视。据笔者调查，在目前桐城市“农村公路村村通”工程建设过程中，地方政府比较重视乡村与乡镇之间的公路建设，而忽视乡村与乡村之间的公路修建，F村村民自主修建的公路不仅连接着F村与其所在乡镇主干道，同时也是与F村相邻的其他三个自然村庄通往乡镇的必经之路。这条公路长约为2公里，但道路狭窄，一旦下雨则泥泞不堪，汽车无法进村，而当地政府不愿出资修建此路，因此，F 村村民不得不于 2010 年 11 月自主修建此路。修建此路总费用为 15.8 万元，从修路发起到修路完工历时两个月整，修路效率之高由此可见。

二　F 村乡村社会资本、农民自主修路成本与农民自主修路效率

（一）F 村乡村社会资本分析

F 村居民由汪姓、江姓与潘姓三个姓氏组成，其中汪姓村民约占村民总数的 90%。汪姓村民居于此地大约 150 年，形成了独有的乡村社会信任、乡村社会规范和乡村社会网络。

第一，就乡村社会信任而言，村民以诚信为本，正直为念。如村民有谚语流传如下：“汪而不弯，诚直为本。”F 村乡村社会信任建立于汪氏宗族文化基础之上，乡村社会信任源于以诚实正直为核心内涵的乡村社会文化。

第二，就乡村社会规范而言，其主要源自于汪氏宗族的宗族信条，其中忠、恕、仁、义为其思想核心，可见于汪氏宗族辈分排序之中。如汪氏宗族的辈分划分如下：“金之国应士，诗书礼尚贤；忠恕存孔道，仁义本孟言。山河名万古，德泽永千年；科教兴邦社，文明显家风。”长期以来，忠、恕、仁、义的乡村社会规范已外化为 F 村村民的日常行为准则。

第三，就乡村社会网络而言，F 村村民关系网络建立在地缘、亲缘和血缘基础之上，根据村民居住的地理位置，F 村划分为“前头”、“后头”与“南头”三个组成部分。F 村村民关系网络和亲疏程度又由其所处具体位置而定。同时，F 村社会精英离乡创业拓展了乡村社会网络。

近年来，F 村乡村社会资本积累主要体现在以下三个方面：第一，乡村社会精英积极组织乡村社会活动，积累了乡村社会资本；第二，重修汪氏家谱，扩大乡村网络范围，积累了乡村社会

资本，如1998年重修了汪氏家谱，此为汪氏家族第五次修谱；第三，乡村红白喜事增进了乡村社会凝聚力，从而积累了乡村社会资本。

（二）F村乡村社会资本、农民自主修路成本降低与农民自主修路效率

笔者将F村村民自主修路整个过程划分为发起、修建和维护三个阶段。村民自主修路成本具体细分为动员成本、道路修建直接资源成本、激励成本和监督成本四个组成部分，F村村民自主修路效率提升关键在于降低自主修路四个方面的成本。在笔者看来，F村村民能高效自主修路的重要原因之一是：F村乡村社会资本在降低农民自主修路成本中发挥着关键作用。

第一，乡村社会资本、F村修路发起与F村村民自主修路动员成本。F村自主修路由已不在F村居住的汪姓乡村社会精英H提议，缘于H每年返乡上坟遇到道路狭窄泥泞，汽车无法进村的难题，但当地镇政府和村委不愿出资，由此H提议自主出资修路。起初无人响应，随后H跟F村的一位农民企业家Z商讨，决定由其二人共同出资，F村村民出人力，自主修路，其中前期出资额为6万元，村中居民每户出人力一人，共25人。修路具体事宜由Z组织。F村修路发起可以具体划分为组织和决策两个阶段。自主修路动员成本包括组织成本与决策成本两个方面，以下具体讨论乡村社会资本在降低自主修路动员成本中的作用。

其一，F村村民会议中的闹会场现象、乡村社会资本与农民自主修路组织成本。会议由F村村长Y通知，起初村民出席率不是很高，听说由H和Z发起后，村民积极参加，主要原因在于村民认为应当给他们“面子”。有村民认为如果不参加会议，他们以后可能会受到其他村民排挤。由此可见，乡村社会资本在组织村民积极参会、降低修路组织成本中发挥着关键作用。

但F村村民A为潘姓，A闹会场的原因在于没有接到会议通知。A认为F村村民没有把他当做该村村民，他有权利参与自主修路会议。由此可见，A在F村的自我认同感不高，A深知外姓村民遵守乡村社会规范、融入乡村社会网络与积极支持乡村社会事务的重要性。笔者认为，A的行为反而促进了修路动员顺利进行，从而也反映了乡村社会资本在降低农民沟通成本中的积极作用。

F村所修之路，其他三个村庄村民也由此路通过。为此，该村有村民提议，其他三个自然村庄也应出资和出力。而实际情况是其他三个自然村庄村民对此不加理会，他们认为此路不在他们村庄内。对此，村长Y不作采纳，认为乡村社会精英H和Z出资，F村出人力即可。此话一出，村民不再争议。据调查，F村村民不再争吵出于对未来乡村社会资源共享期望及拓展同邻村乡村网络关系的考虑。由此可见，乡村社会资本在自主修路协调成本降低中发挥了积极作用，有利于提升农民自主修路组织效率。

其二，F村乡村社会精英提议自主修路、乡村社会资本与自主修路决策成本。自主修路决策成本是指在制定修路决策过程中所消耗的人力、物力、财力的总和。F村乡村社会资本在降低修路决策成本中发挥着积极作用。具体而言，乡村社会资本有利于修路决策主体精干化、决策程序合理化、决策方法科学化。H和Z皆是乡村社会精英，他们在村中威望颇高，村民对他们信任度高，决策事宜委托他们完成，修路决策主体实现精干化。修路决策目标确定、修路方案的拟订、修路最佳方案选择等决策程序合理，修路决策程序合理化得益于乡村社会成员的信任。在修路决策制定过程中采取了典型调查法，而拓展的乡村社会网络更易于调查村民的真实意见，调查成本低，从而实现了低成本科学化决策。F村修路决策制定共费时两天，由此可见，乡村社会资本在提升 F 村修路决策效率中发挥着重要作用。

第二，乡村社会资本、F 村村民自主修路过程中的直接资源成本和激励成本。

其一，就修路直接资源成本而言，自主修路直接资源成本包括人力和资金两个方面。

首先，就人力方面而言，起初村长 Y 指派在道路周围有水田的农户出人力，而不是整个村庄每户出人，共 15 人。F 村已有一小半农户搬到街道上居住，他们已经不再种田。Y 认为，他们可以不出人力。后来街道上居民主动出人力参与修路，共 10 人。据调查，他们认为，自己还是 F 村村民，他们应积极参与 F 村公共事务。具体原因有二：一是大家都是一个自然村庄，他们不参加的话“面子”上过不去；二是他们认为不参与修路可能跟 F 村村民关系会日渐疏远，他们认为自己的根还在村里，以免以后家里出点红白喜事村里人都不来。由此可见，乡村社会资本在人力成本分摊上起到了积极作用，街道上的村民自愿出力提升了自主修路效率。

其次，就自主修路的资金而言，资金来源分为两部分：一是乡村精英 H，出资 10 万元；二是乡村精英 Z，出资 5.8 万元。据调查，他们出资目的有三：一是过年回家祭祖方便；二是感谢村民在他家老人去世中给予的帮助；三是走再远，都是村中人，都是一家人，应该为家乡做点贡献。由此可见，H 和 Z 出资目的可以总结为维系乡村社会资本，乡村社会资本降低了自主修路资金筹措成本。其中出资中还出现了小插曲：在四川办厂的江姓村民 N 过年回家听说自主修路，准备出钱，其父不主张其出钱，原因是修路资金已经解决。据调查，N 准备出资动机在于其是外姓，应当积极融入村庄中，自己再有钱，老了也要落叶归根，因而要跟 F 村村民搞好关系。由此可见，乡村社会资本已经深入 F 村村民心中。

其二，就F村村民自主修路的激励成本而言，其包括激励F村村民出资和出力两个方面，其中乡村社会资本在其中发挥着重要作用。上文已经论述出资动力，下文探讨自主修路激励因素。F村村民住居分为街道和原村庄两个部分，姓氏分为汪姓、江姓与潘姓三个姓氏。他们都积极出力，原因在于他们都认为融入整体乡村生活中非常重要。在笔者看来，他们对于乡村规范、乡村信任和乡村网络关系的坚守和对各自未来在村中生活方便的期许，是他们积极出力的动力所在和激励因素。由此可见，F村村民积极参与自主修路，无须物质激励，无须村长督促，自觉参与，是为了维系和积累乡村社会资本。因而乡村社会资本在自主修路的激励成本降低上发挥着积极作用。

第三，乡村社会资本与道路修成后的监督成本。监督成本包括监督村民而形成的道路维护成本与监督修路组织者形成的监管成本两个方面。乡村社会资本主导下的自主修路维护成本和监管成本比较低。在道路修成后，F村村民中没有出现将沙石搬回家为已所用的行为，道路修成后的维护成本低。据调查，主要原因在于乡村社会规范。F村村民自主遵守乡村诚信为本的乡村规范，他们认为积极融入乡村社会网络中尤为重要。F村自主修路没有设立专门机构监管乡村社会精英Z的资金使用行为，节省了监管成本。据调查，自主修路不设立监管机构，原因在于F村村民拥有纯朴的乡村社会信任。因而乡村社会资本降低了自主修路监督成本，提升了自主修路效率。

纵观安徽省桐城市F村村民自主修路整个过程，F村村民自主修路效率高，主要原因在于村民自主修路三个阶段的成本低，究其根源在于乡村社会资本在降低农民自主修路的动员成本、直接资源成本、激励成本与监督成本中发挥了重要作用。

小　结

制度效率提升的关键在于提升制度约束条件下的制度行为效率。提升我国农村公共服务农民自主供给制度效率的关键在于促进农村公共服务农民自主供给效率。乡村社会资本在降低农民集体行动成本与提升农民集体行动效率中发挥着重要作用。就农村公共服务农民自主供给效率而言，乡村社会资本在降低农村公共服务农民自主供给三个阶段成本，提升农村公共服务农民自主供给效率中发挥着关键性作用。具体而言，乡村社会资本在农村公共服务农民自主供给的动员阶段、供给阶段和监管阶段分别降低了动员成本、直接资源成本、激励成本和监督成本，提升了农村公共服务农民自主供给效率，由此农民自主供给制度效率得以提升。安徽省桐城市 F 村村民低成本、高效率自主修路为此提供了直接证明。

第八章　基于乡村社会资本重构的公共服务农民自主供给制度创新

乡村社会资本在农民自主供给制度创新中发挥着重要作用，尤其是现代型乡村社会资本作用更为明显。基于对我国乡村社会资本现状的认识，为更有效发挥乡村社会资本在农民自主供给制度创新中的作用，重构乡村社会资本，实现乡村社会资本由传统型乡村社会资本向现代型乡村社会资本转变尤为必要。为此本章从以下四个方面进行分析：一是乡村社会资本重构概念界定；二是乡村社会资本重构的必要性分析；三是现代型乡村社会资本与农民自主供给制度创新的关系；四是乡村社会资本重构途径。

第一节　乡村社会资本重构概念界定

乡村社会资本概念是由社会资本的内涵衍生而成的，目前学界主要从社会资本类型视角对乡村社会资本概念进行界定。具体而言，学界从关系型社会资本、结构型社会资本、认知型社会资本及结构型社会资本与认知型社会资本组合四个维度进行界定。其一，就关系型社会资本界定而言，包先康、朱士群指出，“所谓乡村社会资本是指嵌入于乡村社会关系之中，可以动用的社会资源（如熟悉、信任、乡规民约、权威等）的总和”。[①] 其二，就结构型社会资本视角界定而言，刘峰指出，“村民之间普遍的信任、互惠的规范和通过自主组织所建立起来的致密的社会参与网络构成了村民合作所依赖的社会资本”。[②] 其三，就认知型社会资本维度界定而言，苗月霞认为，“根据社会资本不同特征将乡村社会资本划分传统社会资本和现代社会资本”。[③] 传统型社会资本一般是指由传统的血缘和地缘关系发展而成的社会信任网络。而现代型社会资本则是以现代公民的权利和义务为基础，体现更广泛社会层面的普遍信任与合作。其四，就结构型社会资本与认知型社会资本组合维度界定而言，徐双敏、罗重谱认为，“乡村社会资本即乡村社会网络和乡村民间组织，以及体现在这种约定中的传统互惠规范、村民公共精神和乡村社会舆论，它是乡村结构型社会资本和认知型社会资本的某种组合”。[④]

根据普特南对社会资本概念界定和国内学界对乡村社会资本概念界定，本书从认知型社会资本视角对乡村社会资本概念作如下界定：乡村社会资本是指农村社会组织的特征，例如网络、规范和信任，它们有助于农民为了共同利益进行协调与合作，是能够通过推动协调的行动来提高共同目的实现效率的乡村信任、乡规民约以及乡村社会网络。根据乡村社会资本不同特征，乡村社会资本可以划分为传统型乡村社会资本和现代型乡

① 包先康、朱士群：《乡村社会资本：村民小组治理的社会植被》，《人文杂志》2009 年第 2 期。

② 刘峰：《走向乡村善治：改善我国乡村治理之多维理论考察》，《湖北社会科学》2006 年第 9 期。

③ 苗月霞：《乡村民间宗教与村民自治：一项社会资本研究——兼论韦伯关于宗教社会功能的观点》，《浙江社会科学》2006 年第 6 期。

④ 徐双敏、罗重谱：《新农村建设的社会资本路径探析》，《四川行政学院学报》2007 年第 6 期。

村社会资本。传统型乡村社会资本是指建立在传统的亲缘、血缘和地缘关系基础上的乡村社会信任、社会网络和社会规范，而现代型乡村社会资本是指建立在现代公民的权利和义务基础上的现代公民信任体系、乡村社会网络和契约精神。乡村社会资本重构是指重构乡村社会组织的信任体系、社会网络和社会规范，实现乡村社会资本由传统型乡村社会资本向现代型乡村社会资本的转变。

第二节　乡村社会资本重构的必要性

当前我国乡村社会资本重构的必要性主要包括三个方面：一是我国农村社会正处于传统向现代转型过程之中，为更好适应并促进农村社会转型，乡村社会资本必须做出相应调整。二是为改变我国传统型乡村社会资本丰富而现代型乡村社会资本不足的现状，超越传统乡村社会资本局限，发挥现代乡村社会资本优势，重构乡村社会资本有其必要性。三是我国传统型乡村社会资本日益增长的消极功能延缓了农村社会发展步伐。

第一，我国乡村社会转型是乡村社会资本重构的宏观环境。目前我国农村社会正处于由传统社会向现代社会转型阶段。具体而言，农村经济体制逐步由计划经济体制向市场经济体制转变，农村社会管理体制逐步由宗族管理体制向现代社会管理体制转变，农民意识逐步由小农意识向公民意识转变。市场经济体制建立于自由竞争、产权、法治及现代信任体系基础之上，现代社会管理体制建立于市民社会发展、社会组织丰富及现代契约精神之上，农民的公民意识培育基于农村公民社会发展、传统信任体系和乡村民约的现代转型。而传统型乡村社会资本的地域性、封闭性和狭隘性都是与农村社会的现代转型相抵牾的。为此，乡村社会资本由传统型向现代型转变尤为必要。

第二，我国传统型乡村社会资本丰富及现代型乡村社会不足的现状是乡村社会资本重构的内在要求。我国乡村社会资本现状主要包括两个方面：其一，苗月霞指出，“中国社会资本的特点是传统社会资本丰富而现代社会资本不足”。[①] 其二，李军指出，“现代社会资本还远没有建立起来，个体原子化严重，合作能力不足”。[②] 其三，李炯标、魏红英指出，“传统乡村社会资本是与村落家族的农耕性、封闭性、自给自足性、血缘性和心态保守性等基质密切相关的。这些基质又使得宗族权威难以超越这种镀上利己性的差序格局”。[③] 相较于现代型乡村社会资本，传统型社会资本在人际关系基础、人际关系强度、社会网络规模与社会信任模式上局限性明显，而现代型乡村社会资本则有其优越性，然而我国当前社会资本现状则是传统型乡村社会资本丰富，现代型乡村社会资本不足，这一社会资本现状导致了农村社会发展的困境，甚至成为农村社会和谐的障碍。社会资本内在结构特点及其造成的社会后果是乡村社会资本重构的内在动因，为此重构乡村社会资本有其紧迫性。

第三，传统型乡村社会资本日益增长的消极功能是我国乡村社会资本重构的外在推动力。学界认为乡村社会资本有其积极功能和消极功能。其一，就乡村社会资本的积极功能而言，汪小勤、汪红梅指出，“乡村社会资本在农村经济发展中作用显著”。[④] 刘

---

① 苗月霞：《农村家族势力与村民自治运作绩效的社会资本研究》，《广西社会科学》2007 年第 2 期。

② 李军：《新农村建设中的乡村精英与社会资本建构》，《山东农业大学学报》（社会科学版）2006 年第 4 期。

③ 李炯标、魏红英：《社会资本：农村基层公共服务供给体制创新——以汕头市 C 村为例》，《美中公共管理》2008 年第 4 期。

④ 汪小勤、汪红梅：《我国农村社会资本变迁的经济分析》，《福建论坛》（人文社会科学版）2007 年第 12 期。

峰指出，“乡村社会资本是乡村社会治理的基础”。[①] 吴光芸指出，“乡村社会资本既是集体行动中农民合作的基础，也是乡村治理强有力的社会资源”。[②] 其二，就乡村社会资本消极功能而言，苗月霞指出，“乡村民间宗教作为传统社会资本的一种主要形式，在乡村治理的过程中有一定的积极作用，也产生了一些消极影响”。[③] 乡村社会资本功能并不一定是积极的，人情越多，并不一定社会资本越多，村民合作并不一定就更容易。同时有学者认为乡村社会资本并不一定降低交易成本。随着我国农村社会转型，建立于亲缘、地缘和血缘基础上的传统乡村社会资本越来越不合时宜，具体而言，宗族式的管理方式、狭隘的地缘信任和规范妨碍了乡村社会高效治理和乡村社会和谐。

第三节　现代型乡村社会资本与农民自主供给制度创新

一　拓展的乡村社会网络与农民自主供给制度创新

现代型乡村社会资本特征之一为乡村社会资本网络的拓展，我国传统乡村社会资本网络局限于乡村地缘网络中，因而其具有狭隘性。而拓展的乡村社会网络在农民自主供给制度创新中发挥的作用更为明显。具体体现在以下四个方面。

第一，拓展的乡村社会网络与农村自主供给决策制度的完善。农民自主供给决策制度实行“自下而上”模式，其科学决

① 刘峰：《走向乡村善治：改善我国乡村治理之多维理论考察》，《湖北社会科学》2006 年第 9 期。

② 吴光芸：《培育乡村社会资本：解决农村集体行动困境的内源基础》，《广东行政学院学报》2007 年第 2 期。

③ 苗月霞：《乡村民间宗教与村民自治：一项社会资本研究——兼论韦伯关于宗教社会功能的观点》，《浙江社会科学》2006 年第 6 期。

策的关键在于充分采纳农民建议，集思广议。而拓展的乡村社会网络将突破其网络的乡村社会范围，延伸至乡村社会网络之外，吸取乡村社会网络之外的决策经验。具体而言，乡村社会精英将乡村社会资本网络拓展到乡村社会网络之外，在农民自主供给决策制度构建过程中吸取乡村社会以外决策制度构建的经验和模式，从而使决策制度更加合理。

第二，拓展的乡村社会网络与农民自主供给筹资制度的完善。农民自主供给公共服务，其资金主要来源于制度外，其筹资制度为制度外筹资，为此拓展其筹资渠道尤为必要。而拓展的乡村社会网络使制度外筹资突破了以前筹资只在乡村社会网络范围之内的局限，拓展的乡村社会网络至少可以扩充到在外创业的乡村社会精英，其筹资范围更广。

第三，拓展的乡村社会网络与农民自主供给提供制度的完善。拓展的乡村社会网络，能够摆脱传统的农村公共服务提供和生产不分的局限，可以通过拓展的乡村社会网络，将农村公共服务外包出去，实现了农村公共服务农民自主提供制度的市场化、社会化、现代化和多元化改革，这样更有利于农村公共服务供给效率的提升。

第四，拓展的乡村社会网络与农民自主供给监督制度的完善。拓展的乡村社会资本网络使其监督范围更广，不仅仅停留在乡村社会宗族监督和农民个体监督，可以拓展到乡村以外社会精英的监督，从而使其监督更高效。

二 重构的乡村社会规范与农民自主供给制度创新

现代型乡村社会资本的乡村社会规范摆脱了建立在乡规民约基础上的传统型乡村社会资本局限，从而建立在以契约精神和现代规范体系基础之上。契约精神和现代规范体系具有高效性、稳定性和现代性等特征。

第一，重构的乡村社会规范与农民自主供给决策制度。传统型乡村社会规范具有家族性、封闭性和滞后性特点。建立于其基础上的农民自主供给决策制度有家长制特征，而现代型乡村规范则以契约精神和市场制度为基础，在决策过程中，根据农民自身真正需求进行决策且个体农民参与其中，因而其决策更加科学和合理，农民满意度会更高。

第二，以契约精神和市场规范为基础的乡村社会规范与农民自主供给筹资制度。现代型乡村社会资本的乡村社会规范能拓展乡村社会资本筹资渠道，因为现代契约精神和市场制度基础有法律保障，从而使乡村外投资者风险更小，拓展了其筹资渠道，完善了农民自主供给筹资制度。

第三，以契约精神和市场规范为基础的乡村社会规范与农民自主供给提供制度。在农村公共服务供给制度多元化的过程中，农民自主供给提供制度实行了生产和提供的区分，而这种制度要实行良好运作，就必须有乡村以外的专业机构为其生产和提供，而建立于契约精神与市场规范基础上的乡村社会规范则能增强外来公共服务专业机构的信任度，从而使外来公共服务专业提供机构更愿意提供农村公共服务。

第四，以契约精神和市场规范为基础的乡村社会规范与农民自主供给监督制度。以市场规范为基础，更加注重效率和分工，每个村民在其中以效率为标准，而且每个人的职责和功能更加明确，从而细化了公共服务监督指标，有利于农村公共服务监督制度的完善。而监督制度的完善则有利于农村公共服务供给效率的提升。

三　现代乡村社会信任与农民自主供给制度创新

白春阳指出，“传统人格信任模式及其道德基础无论在理论上还是在实践上都存在着内在的无法克服的矛盾，其中最为突出的一点即是传统信任模式强调的信任囿于熟人、朋友、亲人等小团体的范围内，带有浓厚的人情、人伦色彩，具有地域性和人身依附性”。[①] 科尔曼指出，“信任是社会资本的一种形式，它可以减少监督成本与惩罚成本”。[②] 祖克尔分析了“信任的产生和建构，信任由私人信任扩展到公共性的专家系统、制度系统或法律系统”。[③] 传统乡村社会信任是建立在熟人社会基础之上，而现代社会信任是建立在现代公民意识、市场制度和法治保障基础之上的，因而现代社会信任是一种制度信任，为此现代社会信任更有利于农民自主供给制度的创新。

第一，基于制度基础的乡村社会信任与农村公共服务农民自主供给决策制度。基于制度基础的乡村社会信任保证了农民自主供给决策制度更加科学和合理，提升了其决策制度效率。具体而言，一是决策制度以制度信任为基础，农民对农民自主供给组织者信任度将会提高。二是由于信任度提高，决策制度稳定性将提升。三是以制度信任为基础，农民参与决策有其制度保障，从而保障农民更广泛地参与决策过程，农村公共服务决策更加科学和合理。四是以制度信任为基础，决策制度运行成本更低，决策制度效率得以提升。

第二，基于制度基础的乡村社会信任与农村公共服务农民自主供给筹资制度。农民自主筹资建立于制度信任基础上，乡村社会信任有了制度保障，从而农村公共服务制度外筹资的范围更

---

① 白春阳：《传统社会人格信任模式及其局限性》，《甘肃联合大学学报》（社会科学版）2008 年第 1 期。

② 詹姆斯·科尔曼：《社会理论的基础》，社会科学文献出版社 1999 年版，第 22 页。

③ Zucker, L. G., 1986. “Production of Trust: Institutional Sources of Economic Structure”, 1840 - 1920, In B. M. Staw&L. L. Cummings, *Research in Organizational Behavior* (Vol, 8), Greenwich, CT: JAI.

广。具体而言，制度信任提升了乡村社会外的投资者的投资信心，从而拓展了制度外筹资的资金来源。

第三，基于制度基础的乡村社会信任与农村公共服务自主供给提供制度。制度信任突破了传统信任的狭隘性、熟人社会的面子和自律的道德约束局限。在农村公共服务供给制度社会化、市场化和现代化过程中，现代乡村社会信任更利于农村公共服务提供和生产的划分。原因在于乡村社会外的社会供给机构和市场供给机构更愿意为乡村社会提供农村公共服务。

第四，基于制度基础的乡村社会信任与农村公共服务供给监督制度。在制度基础的乡村社会信任中，农民的责任意识和公民意识更强，为此制度信任的建立缩减了农民的监督成本。具体而言，一是单个农户责任意识提升，其把农村公共服务供给监督看成每个人职责。二是单个农户的公民意识提升，更加了解信任是以法律为基础，从而以法律为准绳进行农村公共服务供给的监督，为此缩减了监督成本。

第四节　乡村社会资本重构途径分析

一　乡村社会资本重构途径理论分析

探索我国乡村社会资本重构途径应将社会资本来源理论和我国乡村社会资本现状结合起来。一是就社会资本来源理论而言，包括自治组织说、参与网络说、重复博弈说以及路径依赖说等方面。二是就我国社会资本现状而言，我国传统乡村社会资本逐步流失，现代乡村社会资本尚未建立起来。本书认为，从乡村社会资本的信任维度出发，重构乡村社会资本的关键在于在社会主义信任理念指导下，突破以地缘、血缘和亲缘为基础的传统信任规范和网络体系，构建以契约和公民权利义务为基础的现代乡村信任规范和体系。因而，我国乡村社会资本重构要正确处理基层政府、乡村宗族组织和农民自治组织三者之间的关系，发挥基层政府的引导作用，限制乡村宗族组织职能，推动农民自治组织发展。具体而言，包括以下三个方面。

第一，发挥基层政府在乡村社会资本重构中的引导作用。我国乡村社会资本重构应以社会主义核心价值体系为指导，发挥基层政府引导作用。党的十六届六中全会提出了建设社会主义核心价值体系的战略任务，指出社会主义核心价值体系的基本内容为：马克思主义指导思想，中国特色社会主义共同理想，以爱国主义为核心的民族精神和以改革创新为核心的时代精神，社会主义荣辱观。在社会主义核心价值体系指导下，基层政府在乡村社会资本重构发挥以下引导作用。一是基层政府在乡村社会资本重构中首先应贯彻实施社会主义核心价值体系。二是在社会主义核心价值体系指导下，基层政府应当转变治理理念和政府职能，这是乡村社会资本重构的先决条件。三是基层政府在弱化乡村宗族组织公共事务管理职能和乡村社会资本重构功能中发挥引导作用。四是基层政府应为村民创造横向交流的环境，在推动乡村市民社会和农民自治组织发展中发挥引导作用。

第二，弱化乡村宗族组织在乡村社会资本重构中的功能。我国传统型乡村社会资本是建立在亲缘、地缘和血缘基础上的信任、互惠规范和网络体系。就乡村社会资本的信任维度而言，这种信任被马克斯·韦伯称为特殊信任，其很大程度来源于血缘关系和亲缘关系，是一种浅度和初级的信任类型，对于外界是一种封闭和狭隘的信任。随着农村经济体制改革和乡村社会变迁，建立于特殊信任基础上的传统乡村社会资本局限性日益明显，因此突破传统乡村社会资本瓶颈尤为必要。而宗族组织在传统乡村社会资本积累中发挥着重要作用，因而重构乡村社会资本必须弱化乡村宗族组织的乡村社会管理功能，降低其在乡村公共事务管理中的影响力，从而使乡村社会资本重构逐步摆脱宗族组织的影响，突破传统乡村社会资本瓶颈。

第三，推动农民自治组织发展，发挥其在乡村社会资本重构中的积极作用。社会资本理论家认为，自治组织本身的形成就有利于社会资本的创造。燕继荣认为，“托克维尔、保罗·怀特利、伊斯特斯等学者对自治组织形成能促进社会资本创造提供了理论基础。”[①] 托克维尔对美国社会的解释给了后来的社会资本论者以启发。美国民主制度的成功取决于志愿性组织的发展，这是托克维尔所做出的基本判断。托克维尔的解释被社会资本论者解读为，志愿性组织有助于提供社会资本和支持社会合作。英国谢菲尔德大学政治学教授保罗·怀特利提出了社会资本创造的可供选择的模型：“其一，社会资本是由个体的人格特征创造的；其二，社会资本是由个体关于规范的信仰和道德密码创造的；其三，社会资本是由‘想象的’社群的成员身份创造的。”[②] 美国耶鲁大学社会学教授卡拉·伊斯特斯通过自己的研究表明，“社会资本在自发组织中产生”。[③] 因而，要重构乡村社会资本必须推动农民自治组织发展。

为此，乡村社会必须为农民自治组织发展创造条件，发挥其在乡村社会资本重构中的积极作用，实现我国乡村社会资本由传统向现代的转变。具体而言，可以从以下三个方面着手：一是社会自治组织得以良性发展的关键在于提高乡村社会对自治组织的需求；二是确保较少的政府管制。基层政府要适当放松对农村自治组织的管制，要看到其在管理农村公共事务中的积极作用；同

---

① 燕继荣：《投资社会资本——政治发展的一种新维度》，北京大学出版社 2006 年版，第 147 页。

② 保罗·怀特利：《社会资本的起源》，《社会资本与社会发展》，社会科学文献出版社 2000 年版，第 53 页。

③ 卡拉·伊斯特斯：《组织的多样性与社会资本的产生》，《社会资本与社会发展》，社会科学文献出版社 2000 年版，第 101 页。

时，基层政府要加强农村自治组织发展的法制建设，引导农村自治组织健康发展。三是发挥农民自治组织在乡村社会资本重构中的积极作用，主要是发挥其在现代乡村社会资本构建中的作用。而根据现代乡村社会资本内涵，农民自治组织发展应以契约关系和法治精神为基础，树立农民自治组织成员间权利义务意识，培育他们的公民意识和公共精神，确保农民自治组织健康发展。同时农民自治组织健康发展能增强其成员之间的信任度，且这种信任度是建立于契约关系与权利义务意识为基础的现代信任规范基础之上，因此积累了现代乡村社会资本。总之，农民自治组织发展和现代乡村社会资本构建须形成一种良性互动体系。

二　乡村社会资本重构:安徽省的个案分析

安徽省农村制度改革位于中国改革排头兵行列，无论是农村土地制度改革还是农业税改革，因而其改革具有先锋模范作用。近年来，随着安徽省农村经济逐步现代化，安徽省乡村社会信任、社会规范和社会关系也发生着积极变化，本书将其归属安徽省乡村社会资本重构，其重构与安徽省农村经济、社会和文化发展相得益彰。据笔者观察，安徽省乡村社会资本构建目标在于实现传统型乡村社会资本向现代型乡村社会资本转变，培育农民公民意识，实现农村现代转型与现代化。具体而言，其目标有三：一是实现基于血缘、亲缘与地缘基础上的传统乡村社会信任向基于现代契约关系基础上的现代乡村社会信任转变；二是转变传统乡村民约和乡村家族规范向现代市场制度规范转变；三是拓展乡村社会网络，超越传统乡村社会网络囿于村庄地缘网络的局限。其构建途径有三：一是发挥安徽省地方政府引导作用；二是推动安徽乡村社会自治组织发展；三是弱化乡村宗族组织功能。

第一，实现“乡土性”乡村社会信任转变。安徽省乡村社会信任特点具体表现为：乡村社会的信任仍具有“乡土性”，因为这种信任是“熟悉”而产生的特殊信任，而不是建立在契约基础上的普遍信任。传统“乡土性”乡村社会信任的狭隘性阻碍了安徽省农村经济现代化、安徽省文化大省建设目标及安徽省新农村建设步伐。为此必须转变传统乡村社会信任，安徽省将此项任务与安徽省新农村建设和全面小康社会建设相结合。如在新农村建设中“乡风文明”是其重要目标；又如在全面小康社会建设中文化建设和人的全面发展又是其一个重要目标。具体而言，安徽省在新农村建设中，在新农村建设目标主导下，紧抓“乡风文明”建设，为乡村社会信任建设奠定了基础。

建设社会主义新农村中“乡风文明”是指农村的精神文明建设问题。安徽省精神文明建设从培育有理想、有文化、有道德、有纪律的“四有”新农民着手，“四有”农民中包含着现代信任理念内涵。现代信任精神和信任关系是现代“乡风文明”建设的具体指标之一。由此安徽省新农村建设促进了该省现代乡村社会资本内涵之一的现代乡村社会信任的逐步形成。

第二，实现传统乡村社会关系向现代乡村社会关系转变。当代安徽省乡村社会的熟人关系，仍然具有“乡土性”，但这种人际关系不再只以“感情”作为纽带，而是以“感情 + 利益”为纽带。而利益关系的建立主要是通过乡村社会精英来实现。随着改革开放进程的推进，农村社会精英外出务工、创业或是其中人员有所成就回乡创业，乡村社会精英带动了其所在村镇的社会关系拓展，这些社会关系都是建立在劳资关系基础之上，但这种社会关系是以利益关系为基础，而乡村社会精英则充当了其中的桥梁和纽带。安徽省是外出务工大省，因而通过乡村社会精英拓展社会关系就更为典型。如安徽省桐城市在塑料业发展和装潢业发展都提供了其鲜明的例证。

第三，实现传统乡规民约向现代市场经济的制度规范转变。乡规民约就是乡村社会的共同知识、理解、规范和规则。乡规民约具有地域性、狭隘性和等级性等局限性，因此它已与现代社会经济、政治、社会和文化制度发展不相适应。为此必须突破传统乡规民约的藩篱，重构符合现代农村经济发展的市场经济制度规范，一种公平、正义、法治、开放与自由的制度规范。而现代制度规范则建立于现代社会组织之上，且随着现代社会组织发展和组织中成员素质提升而得以发展。为此，本书认为应当从三个方面来推动现代制度规范的建立：一是要弱化传统宗族组织公共事务职能；二是建立现代乡村社会组织；三是树立农民公民意识。

一是弱化乡村宗族组织在农村公共服务中的职能，使乡村宗族组织逐步退出农村公共服务管理。安徽传统宗族组织发达，尤其是以皖南徽商为代表的商业组织发展，加强了皖南乡村宗族组织进一步发展，这些乡村宗族组织在当时乡村社会政治、经济和社会公共事务中发挥着极其重要的作用，以至于其一直以来影响到当今农村社会政治、经济和社会事务。但传统乡村宗族组织由于其带有浓厚的地缘、血缘和亲缘色彩，其打上了狭隘性和等级性的烙印和特质，随着现代安徽农村政治、经济与社会发展，传统乡村社会组织其积极功能逐步衰微，而消极功能逐步显现，反而阻碍安徽省农村经济、政治和文化发展。为此，笔者认为，安徽省应积极将党组织建设到农村社会组织当中，弱化传统宗族组织的社会事务职能，引导宗族组织现代转型，尽可能发挥宗族组织的积极功能。

二是推动安徽省乡村社会组织建设。近年来，安徽省农村社会组织建设取得了显著成就，如安徽省农村专业经济协会、农村自治组织、社区社会组织和社区民办非企业单位无论在组织数量和组织人员数量都得到了很大发展。现代组织发展在推动安徽现代乡村社会规范发展起到积极作用。具体可见安徽省农村专业合作组织建设表（来源于安徽社会组织信息网）。

表 1　安徽省农村专业合作组织建设表

类型＼项目	总数(个)		市级		县(市、区)级		乡(镇)级		其中新成立数	
	登记	备案	登记	备案	登记	备案	登记	备案	登记	备案
农村专业经济协会	2362	1006	78	0	1170	230	1114	776	336	6
社区社会团体	519	1878			418	563	101	1315	12	46
社区民办非企业单位	1026	1413			945	1360	81	53	48	

类别＼项目	总数			市级			县(市、区)级			乡(镇)级			其中新成立数		
	会员总数	团体会员	个人会员	会员总数	团体会员	个人会员	会员总数	团体会员	个人会员	会员总数	团体会员	个人会员	会员总数	团体会员	个人会员
农村专业经济协会（万个）	62.1528	20.2443	41.9085	25975	8276	17589	329711	96537	233174	265952	168322	97630	1677	1376	301
社区社会团体（万个）	14.9192	3.7724	11.1468				109293	29163	80130	39899	8561	31338	968	77	891

三是加强安徽省农民公民意识建设。近年来，安徽省积极推动村民自治组织建设，提升农民参与意识，树立农民公民观念。具体表现为以下三个方面：一是完善村民自治方案，为村民参政提供政策保证。在村民自治新规草案制定中，让村民参与其中，如安徽省有《安徽省村民委员会选举办法》请人提意见的政策决定，其在安徽省农民政治参与意识培育中起到了积极作用。二是推动基层民主法制建设，提供法律保障，其在培育安徽省农民树立法律意识中起到了积极作用。三是基层民主

制度设计。安徽省基层民主制度设计主要体现在权力制约和监督机制，其目标在于实现“为民做主”向“由民做主”转变。如安徽省某村竖起“三块牌子”。一块白底红字刻着“某某村支部”，两块白底黑字分别刻着“某某村委会”、“某某村务监督委员会”。又如安徽省农村普遍推行的一系列制度和工作机制：体现民主管理的“三资”清理和“三资”委托代理服务制度（简称“三资”管理）、体现民主决策的村级事务流程化管理制度（俗称“四议两公开”）和体现民主监督的村务监督委员会制度。

为适应安徽省全面小康社会建设和新农村建设，安徽省农村积极进行乡村社会资本重构，主要体现在三个方面：一是转变传统乡村社会信任；二是转变传统的乡规民约；三是拓展乡村社会网络。

小　结

本章主要分析乡村社会资本在农村公共服务农民自主供给制度创新中的作用，说明乡村社会资本实现由传统型乡村社会资本向现代型乡村社会资本转变的重要性。具体而言，界定乡村社会资本重构概念。在概念界定基础上，基于对我国农村社会转型、乡村社会资本现状及其消极功能分析，指出我国乡村社会资本重构有其必要性和紧迫性。同时乡村社会资本重构对我国农村公共服务农民自主供给制度创新起到积极作用，尤其是现代型乡村社会资本作用更为突出。而我国乡村社会资本重构途径包括三个方面：一是以社会主义核心价值体系为指导，发挥基层政府引导作用；二是突破基于地缘关系和血缘关系的传统乡村网络、信任与规范瓶颈，弱化乡村宗族组织职能；三是构建基于现代契约关系和法治精神的现代信任规范体系，推动农民自治组织发展。安徽省乡村社会资本重构案例则为我国乡村社会资本重构提供了示范和可推广性。安徽省乡村社会资本重构为其农村公共服务农民自主供给制度完善提供了有力保障。

第九章　研究结论、政策建议与研究展望

一　研究结论

农村公共服务供给问题的解决是突破我国“三农”问题的关键点，也是我国新农村建设和小康社会建设一个重要组成部分。然而，我国在农村公共服务供给过程中存在着诸多问题，如农村公共服务供给总量不足、有效供给不足与供给失衡，根源之一在于我国农村公共服务供给制度存在诸多问题。在分析我国农村公共服务供给制度变迁基础之上，在反思我国当前农村公共服务供给制度前提下，本书认为创新我国农村公共服务供给制度尤为必要，并且主张构建农村公共服务农民自主供给制度。乡村社会资本在农村公共服务农民自主制度的供给困境突破及其制度效率提升中发挥着重要作用，尤其是现代型乡村社会资本在农民自主供给制度创新中作用明显，为此有必要重构我国乡村社会资本，实现乡村社会资本由传统型乡村社会资本向现代型乡村社会资本转变。

在以上具体研究基础上，本书得出以下结论：第一，我国农村公共服务供给制度的变迁。我国农村公共服务供给制度变迁沿着供给主体单一化向供给主体多元化转变；随着农村供给市场化和社会化改革，农村公共服务供给逐步实现供给的生产和提供划分；在实现农村公共服务供给制度多元化过程中，农民自主供给地位逐步提升；农村公共服务供给制度变迁以效率为变迁的主导

价值取向。

第二，当前我国农村公共服务供给制度存在局限性。一是农村公共服务供给制度构建的理念基础滞后；二是农村公共服务供给制度缺陷明显，尤其是农村公共服务供给具体制度不健全和不完善；三是农村公共服务供给制度效率低下。

第三，农民自主供给：农村公共服务供给制度创新。公共事务自主治理制度是解决公共事务困境的制度选择。而农村公共服务属于公共事务范畴，农村公共服务供给可以采取自主治理方式，构建农民自主供给制度。相较于已有农村公共服务供给制度，农村公共服务农民自主供给制度有其制度优势，但其制度供给存在二阶的集体困境。

第四，我国农村公共服务农民自主供给制度困境突破。公共事务自主治理制度存在着制度供给的二阶的集体困境，而社会资本则为其困境突破提供了途径，其同时为我国农村公共服务农民自主供给制度的制度困境突破提供了理论基础。乡村社会资本的信任、规范和网络特质在农村公共服务供给制度的供给困境突破中发挥着积极作用。而乡村社会资本在安徽省桐城市 B 村的农民自主兴修家塘制度困境突破中发挥的关键作用为研究提供了实证案例。

第五，乡村社会资本在我国农村公共服务农民自主供给制度效率提升中发挥着积极作用。具体而言，乡村社会资本在提升农民集体行动效率，缩减农村公共服务农民自主供给成本中作用突出，农民自主供给成本的降低则有利于农民自主供给制度效率提升。安徽省桐城市 F 村自主修路的案例将研究实证化。

第六，乡村社会重构在农民自主供给制度创新中发挥着重要作用。我国乡村社会资本，尤其是现代型乡村社会资本在农民自主供给制度创新中作用明显。为了更好地发挥乡村社会资本的作用，我国乡村社会资本应当进行重构，即实现乡村社会资本由传统型乡村社会资本向现代型乡村社会资本转变。我国乡村社会资本重构途径有三：一是以社会主义核心价值体系为指导，发挥基层政府引导作用；二是突破基于地缘关系和血缘关系的传统乡村网络、信任与规范瓶颈，弱化乡村宗族组织职能；三是构建基于现代契约关系和法治精神的现代信任规范体系，推动农民自治组织发展。安徽省积极推进乡村社会资本重构具有示范性和推广性。

二　政策建议

针对当前我国农村公共服务供给存在诸多问题，本书认为其根源之一是我国农村公共服务供给制度存在局限性，因此当前应当构建切合我国农村实际的农村公共服务供给制度。为此本书从乡村社会资本维度探讨了农村公共服务农民自主供给制度创新，制度供给困境突破及其制度效率提升，并得出相关研究结论。基于本书研究结论，提出以下政策建议。

第一，地方政府应更加关注“三农”问题，当前尤其要关注与民生息息相关的农村公共服务供给问题。为此地方政府制定农村公共服务供给政策时应切合农村实际，而非脱离农村经济、社会和文化现状。具体而言，一是制定农村公共服务供给政策前应积极调研，系统掌握农村公共服务供给现状，了解农民真实需求，制定切合农村实际的农村公共服务供给政策；二是在实施政策过程中，地方政府应引导农民实施农村公共服务供给政策，切实解决农村公共服务供给政策实施过程中遇到的难题，解决农村公共服务供给问题，提升农村公共服务供给效率；三是在政策实施后，地方政府应积极调研农村公共服务供给政策效果，反思政策绩效，积极修订完善政策，并逐步使政策制度化，实现农村公共服务供给政策的持续性和稳定性。

第二，积极推动农村公共服务供给制度改革，构建切合我国农村实际的农村公共服务供给制度。当前我国农村公共服务供给制度改革方向为制度多元化、市场化和社会化，为此地方政府应当积极转变行政理念和行政职能。首先，就行政理念转变而言，要实现由统治向治理转变，由领导向服务转变，树立治理意识和服务意识。其次，就行政职能转变而言，地方政府应当逐步从农村公共服务生产者和提供者角色向农村公共服务自主供给提供服务者角色转变，为农村公共服务农民自主供给制度构建及其效率提升提供更好的制度和政策环境。

第三，积极推动传统型乡村社会资本向现代型乡村社会资本转变。为此地方政府在充当其政策制定者角色时，应履行其以下职能：一是弱化传统农村宗族组织，积极推动农村农业专业组织和农民自治组织构建，为农民自治组织构建创造法律条件和制度环境，推动农村公民社会发展，实现传统的乡规民约向符合现代组织制度的市场规范转变，构建新型的乡村社会规范；二是制定合理的农村人力资源流动政策，积极推动农村劳动力转移，拓展乡村社会网络；三是积极推动农村经济现代化、政治民主化和文化和谐化建设，推动农村现代转型，培育农民自主意识、参与意识、法治意识和平等意识，塑造具有公民意识的现代农民，构建现代乡村社会信任。

三　研究展望

本书就乡村社会资本对我国农村公共服务农民自主供给制度构建及其制度效率的影响进行了相关研究，并得出了一些研究结论。但乡村社会资本与农村公共服务供给制度相关性研究是一个庞大的理论体系，是涉及领域广泛的综合性课题。作为一个探索性的研究分析，本书及相关研究还有待在未来深化的问题包括。

第一，在研究我国农村公共服务供给制度变迁时，由于条件限制，在研究我国古代农村公共服务供给制度变迁及其影响因素时稍有不足。我国古代农村公共服务供给制度如何制定？效率如何？制度变迁的最大影响因素为何？乡村社会资本在古代农村公共服务供给制度变迁中能起到积极作用吗？这些问题都非常值得关注和研究。

第二，在反思我国农村公共服务供给制度时，关注了我国农村公共服务供给制度的构建理念基础、供给制度具体局限和供给制度效率，从而研究当前我国农村公共服务供给制度现状，但未进一步就供给制度的理念基础、供给制度局限和供给制度效率三者之间关系进行具体分析。其三者之间关系如何？其三者能否很好地互动？这些都是亟待深入研究的问题。

第三，在探讨乡村社会资本与农村公共服务农民自主供给制度的供给困境突破及效率提升时，笔者做了理论分析和案例研究。一项制度构建及其效率，需要长期追踪调查和对比研究。笔者期待学界同人一起进一步关注农村公共服务农民自主供给制度效率，进行深入研究，其对于解决农村公共服务供给问题，解决“三农”问题，实现我国农村社会现代转型具有深刻的理论意义和现实意义。

第四，当前我国农村公共服务供给研究的实证研究不足。本书在研究乡村社会资本与农村公共服务农民自主供给制度时采取了理论和实证相结合的研究方法，实证研究主要以案例研究为主。我国农村公共服务供给制度及其效率相关研究问题还可以通过长期观察，得出相关数据，进行对比研究。因而农村公共服务供给制度的研究方法可以进一步拓展。

参考文献

一　英文著作

Arunava Bhattacharyya, Thomas R. Harris, Rangesan Narayanan, and Kambiz Raffiee, Technical Efficiency of Rural Water Utilities [J], *Journal of Agricultural and Resource Economics*, 1995, 20 (2).

Astier M. Almedom, Social Capital and Mental Health: An Interdisciplinary Review of Primary Evidence [J], *Social Science & Medicine*, 2005, (61).

Alun E. Joseph and Alison Poyner, Interpreting Patterns of Public Service Utilization in Rural areas [J], *Economic Geography*, 1982, 58 (3).

Abdul Hye Mondal, Social Capital Formation: The Role of NGO Rural Development Programs in Bangladesh [J], *Policy Sciences*, 2000 (33).

Amy Qiaoming Liu, Terry Besser, Social Capital and Participation in Community Improvement Activities by Elderly Residents in Small Towns and Rural Communities [J], *Rural Sociology*, 2003, 68 (3).

Alun E. Joseph and Alison Poyner , Interpreting Patterns of Public Service Utilization in Rural Areas [J], *Economic Geography*,

1982, 58 (3).

Antoci. A, Sacco. P, Vanin. P., Social Capital Accumulation and the Evolution of Social Participation [J], *Journal of Socio - Economics*, 2007, 36 (1).

Adler, Paul & Kwon, Seok - Woo, 2002, Social Capital: Prospects for a New Concept, in *The Academy of Manngement Review*, 27 (1) .

Burt, R., 1993, *Structural Holes: The Social Structure of Competition*, Cambridge : Harvard University Press.

Bourdieu, P., "The Formsof Capital", in John G. Richadson (ed.), *Handbook of Theory and Research for the Sociology of Education* , New York: Greenwood, 1986.

Brown, Thomas Ford, 1997, Theoretical Perspectiveson Social Capital, Working Paper, in http: //hal. lamar. edu/ BROWNTF/ SOCCAP. HTML.

Bartolini. S, Bonatti. L., The Role of Social Capital in Enhancing Factor Productivity: Does its Erosion Depress Percapita GDP? [J], *Journal of Socio - Economics*, 2008, 37 (4).

Bill McEvily, Vincenzo Perrone, Akbar Zaheer , Trust as an Organizing Principle [J], Organization Science, 2003, 14 (1).

B. R. Eddleman , Financing Public Services in Rural Areas: A Synthesis [J], *American Journal of Agricultural Economics*, 1974, 56 (5).

Bernard I. Logan, Evaluating Public Policy Costs in Rural Development Planning: the Example of Health Care in Sierra Leone [J], *Economic Geography*, 1985, 61 (2).

Bernard *Gachet*, Sabine *Schulte - Beckhausen* and Giovanni *Valotti*, Evolution of Policies for Local Public Service Supply: A Comparative Analysis [J], *Annals of Public and Cooperative Economics*, 1997, 68 (3).

Bryan R. Routledgea, Joachim von Amsbergb, Social Capital and Growth [J], *Journal of Monetary Economics*, 2003 (50).

Christy Getz, Social Capital, Organic Agriculture, and Sustainable Livelihood Security: Rethinking Agrarian Change in Mexico [J], *Rural Sociology*, 2008, 73 (4).

Clare Farrell, Thinking Critically about Social Capital [J], *I-rish Journal of Sociology*, 2007, 16 (2).

Christopher Mcgrory Klyza, Jonathan Isham, and Andrew Savage, Local Environmental Groups and the Creation of Social Capital: Evidence from Vermont [J], *Society and Natural Resources*, 2006, (19).

Christopher E., Beaudoin and Esther Thorson, Social Capital in Rural and Urban Communities: Testing Differences in Media Effects and Models [J], *J & MC Quarterly*, 2004, 81 (2).

Dean Schreiner, George Muncrief, Bob Davis Source, Solid Waste Management for Rural Areas: Analysis of Costs and Service Requirements Author (s) [J], *American Journal of Agricultural Economics*, 1973, 55 (4).

David Gray, Jon Shaw and John Farrington, *Community Transport, Social Capital and Social Exclusion in Rural Areas* [J], Area, 2006, 38 (1).

Elinor Ostrom, Collective Action and the Evolution of Social Norms [J], *The Journal of Economic Perspectives*, 2000, 14 (3).

E. S. Savas, *Privatization in the City: Successes, Failures, Lessons* [M], Washington, D. C.: CQ Press, 2005.

Fabio Sabatini, Social Capital as Social Networks: A New

Framework for Measurement and an Empirical Analysis of its Determinants and Consequences [J], The Journal of Socio - Economics, 2009, (38).

Fukuyama, F., *Trust: the Social Virtues and the Creation of Prosperity* [M], New York: The Free Press, 1995.

Gordon P. Whitaker, Citizen Participation in Service Delivery [J], *Public Administration Review*, 1980, 40 (3).

Glenn A. Bowen, Social Capital, Social Funds and Poor Communities: An Exploratory Analysis [J], *Social Policy& Administration*, 2009, 43 (3).

James D. Coleman: *Foundation of Social Capital*, Cambridge: Harvard University Press, 1990.

Jessica A. Crowe, Community Economic Development Strategies in Rural Washington: Toward a Synthesis of Natural and Social Capital [J], *Rural Sociology* 2006, 71 (4).

Justin Yifu Lin, An Economic Theory of Institutional Change: Induced and Imposed Change [J], *Cato Journal*, 1989, 9 (1): 1—33.

Knack, Stephen, and Philip Keefer, Does Social Capital have an Economic Payoff? A Cross - Country Investigation. [J], *Quarterly Journal of Economics*, 1997, 112 (4).

Karin Engstrom, Fredrik Mattsson, Anders Jarleborg, Johan Hallqvist, Contextual Social Capital as a Risk Factor for Poor Self - rated health: A Multilevel Analysis [J], *Social Science & Medicine*, 2008 (66).

Karen Healy, Anne Hampshire, and Liz Ayres, Beyond the Local: Extending the Social Capital Discourse [J], *Australian Journal of Social Issues*, 2004, 39 (3).

Kimberly Lochner, Ichiro Kawachi, Bruce P. Kennedy, Social Capital: a Guide to Its Measurement [J], Health & Place, 1999 (5).

Lin, Nan, 2001, *Social Capital, A Theory of Social Struture and Action*, Cambridge: Cambridge University Press.

Lochner, K., Kawachi, I. and Kennedy, B. P. Social capital: a guide to its measurement [J], *Health and Place*, 1999 (5).

Lonnie L. Jones and Paul H. Gessaman, Public Service Delivery in Rural Areas: Problems and Decisions [J], *American Journal of Agricultural Economics*, 1974, 56 (5).

Michael A. Nelson Source, Decentralization of the Subnational Public Sector: An Empirical Analysis of the Determinants of Local Government Structure in Metropol——itan Areas in the U. S. [J], *Southern Economic Journal*, 1990, 57 (2).

Portes, A. Social Capital: Its Origins and Applications in Modern Sociology [J], *Annual Review of Sociology*, 1998, 24 (1).

Paxton, P., Is Social Capital Declining in the United States? A multiple indicator assessment [J], *American Journal of Sociology*, 1999, 105 (1).

Pranab Bardhan, Decentralization of Governance and Development [J], *The Journal of Economic Perspectives*, 2002, 16 (4).

Paul M. Pronyk, Trudy Harpham, Joanna Busza, Godfrey Phetla, Linda A. Morison, James R. Hargreaves, Julia C. Kim, Charlotte H. Watts, John D. Porter, Can Social Capital be Intentionally Generated? A Randomized Trial from Rural South Africa [J], *Social Science & Medicine*, 2008 (67).

Paul S. Adler and Seok - Woo Kwon, Social Capital: Prospects for a New Concept [J], *The Academy of Management Review*,

2002, 27 (1).

Robert D. Putnam, Bowling Alone: the Collapse and Revival of American community [M], New York: Simon and Schuster, 2000.

Robert D. Putnam, Tuning in, Tuning out: the Strange Disappearance of Social Capital in America [J], *Political Science and Politics*, 1995, 28 (4).

Rodney D. Fort and Jon B. Christianson, Determinants of Public Services Provision in Rural Communities: Evidence from Voting on Hospital Referenda [J], American Journal of Agricultural Economics, 1981, 63 (2).

Robert Sugden, Reciprocity: the Supply of Public Goods through Voluntary Contributions [J], The Economic Journal, 1984, 94 (376).

Stephen Knack and Philip Keefer, Does Social Capital have an Economic Payoff? Across - country investigation [J], The Quarterly Journal of Economics, 1997 (11).

Stephen Knack. Social Capital and the Quality of Government: Evidence From the States [J], *American Journal of Political Science*, 2002, 46 (4).

Samuel Bowles and Herbert Gintis, Social Capital and Community Governance [J], *The Economic Journal*, 2002, (112).

Soumyananda Dinda, Social Capital in the Creation of Human Capital and Economic growth: A Productive Consumption Approach [J]. The Journal of Socio - Economics, 2008 (37): 2020—2033.

Steven C. Deller and John M. Halstead, Efficiency in the Production of Rural Road Services: The Case of New England Towns [J], Land Economics, 1994, 70 (2).

Tony Prosser, Public Service Law: Privatization's Unexpected offspring [J], *Law and Contemporary Problems*, 2000, 63 (4).

Vivien Lowndes and David Wilson, Social Capital and Local Governance: Exploring the Institutional Design Variable [J], *Political Studies* (49).

Wilbur R. Maki, Local Funding of Rural Public Services [J]. *American Journal of Agricultural Economics*, 1974, 56 (5).

Zhao Rong, Yang Yao. Public Service Provision and the Demand for Electric Appliances in Rural China [J], *China Economic Review*, 2003 (14).

Zucker, L. G. 1986, "Production of Trust: Institutional Sources of Economic Structure", 1840—1920, In B. M. Staw & L. L. Cummings, *Research in Organizational Behavior* (Vol, 8, pp. 53—111), Greenwich, CT: JAI.

二 中文著作

[美] 罗伯特·D. 普特南:《使民主运转起来——现代意大利的公民传统》，王列、赖海榕译，江西人民出版社 2001 年版。

贺培育:《制度学:走向文明与理性的必然审视》，湖南人民出版社 2004 年版。

[美] 道格拉斯·C. 诺思:《制度、制度变迁与经济绩效》，杭行译，格致出版社 2008 年版。

[美] 埃莉诺·奥斯特罗姆:《公共事务的治理之道》，余逊达译，上海三联书店 2000 年版。

张康之、李传之:《行政伦理学教程》，中国人民大学出版社 2004 年版。

[美] 弗朗西斯·福山:《信任——社会美德与创造经济繁荣》，彭志华译，海南出版社 2001 年版。

［美］曼瑟尔·奥尔森：《集体行动的逻辑》，陈郁、郭宇峰、李崇新译，格致出版社、上海三联书店、上海人民出版社1995年版。

詹姆斯·科尔曼：《社会理论的基础》，社会科学文献出版社1999年版。

燕继荣：《投资社会资本——政治发展的一种新维度》，北京大学出版社2006年版。

保罗·怀特利：《社会资本的起源》，《社会资本与社会发展》，社会科学文献出版社2000年版。

卡拉·伊斯特斯：《组织的多样性与社会资本的产生》，《社会资本与社会发展》，社会科学文献出版社2000年版。

徐小青：《中国农村公共服务》，中国发展出版社2002年版。

三　中文论文

梁满艳：《新农村公共服务供给：问题与对策》，《湖南商学院学报》2006年第12期。

于慎澄：《我国农村公共服务供给机制问题探讨》，《理论前沿》2008年第20期。

高雅杰、孟华：《浅析我国农村公共服务体系》，《台声·新视角》2006年第1期。

周青、郑恒峰、黄兴生：《取消农业税后强化农村公共服务供给的对策思考——基于福建省几个县市农村公共服务需求问卷调查的分析》，《福建论坛》（人文社会科学版）2008年第4期。

曾小龙、史传林：《当前农村公共服务供给分析——以服务制度创新为视角》，《改革与战略》2008年第8期。

杨其元：《如何完善农村公共服务体系》，《中国改革》2008年第5期。

朱穗华:《对重构新时期农村公共服务体系的思考》,《法制与社会》2006 年第 10 期。

李秀忠:《农村公共服务供给问题思考》,《山东师范大学学报》(人文社会科学版) 2007 年第 6 期。

纪程:《"后税改时代"的农民需求与新型农村公共服务体系建设》,《改革与战略》2008 年第 2 期。

张应来:《推进乡镇机构改革搞好农村公共服务》,《决策 & 信息》2008 年第 5 期。

涂文静:《完善农村公共服务体系　建设社会主义新农村》,《广西民族大学学报》(哲学社会科学版) 2007 年第6 期。

吴孔凡:《新时期农民公共需求的特点与农村公共服务供给的取向》,《经济研究参考》2008 年第 69 期。

刘宇南、薛元:《制约农村公共服务的体制机制因素及政策建议——世界银行关于我国农村公共服务的研究》,《中国经贸导刊》2007 年第 21 期。

王向华:《新时期完善河南农村公共服务体系的思考》,《北方经济》2008 年第 11 期。

孙柏昌、景国薇:《我国农村公共服务供给存在的问题及对策》,《黑龙江对外经贸》2008 年第 12 期。

刘艳平:《推进农村公共服务体系建设的现实路径选择》,《商业时代》2009 年第 18 期。

李新庚:《当前农村公共服务的状况与建设目标》,《文史博览(理论)》2007 年第 11 期。

苗秀珍、王瑞林:《欠发达地区农村公共服务体系建设研究》,《陕西行政学院学报》2008 年第 1 期。

屈群苹:《对农村公共服务供给问题的思考》,《中共浙江省委党校学报》2007 年第 3 期。

王锐兰:《引领农村非营利组织参与农村公共服务问题研

究》,《全国商情（经济理论研究）》2008 年第 17 期。

王洪春:《强化农村公共服务推动新农村建设》,《西藏发展论坛》2006 年第 5 期。

曹安:《我国农村公共服务存在的问题和对策》,《长春工程学院学报》（社会科学版）2009 年第 1 期。

刘艳平、王郡华:《优化农村公共服务体制的对策选择》,《临沂师范学院学报》2009 年第 8 期。

吴孔凡:《新时期农民公共需求的特点与农村公共服务供给的取向》,《经济研究参考》2008 年第 69 期。

夏锋:《农村人口公共需求变化与公共服务体制建设》,《人口与经济》2008 年第 2 期。

苏晓艳、范兆斌:《我国农村公共产品供给的制度困境及对策选择》,《软科学》2005 年第 2 期。

王颖、王洪川:《完善我国新型农村公共服务体系发展的路径分析》,《东北大学学报》（ 社会科学版）2009 年第 7 期。

陈雪梅:《对农村公共服务的回顾与反思》,《天水行政学院学报》2007 年第 2 期。

王宇涛:《我国农村公共服务的投资现状及对策研究》,《特区经济》2008 年第 9 期。

余世喜、李喆:《中国农村公共服务存在的问题及其原因分析》,《南方农村》2006 年第 3 期。

许陵:《关于我国现阶段农村公共产品供给研究》,《经济研究参考》2006 年第 23 期。

苏时鹏、张春霞: 《农村公共服务的差距分析与体系建构——以福建为例》,《华南农业大学学报》（社会科学版）2006 年第 1 期。

高强:《新农村公共服务新型社区平台的探索——新型农村社区“内源式”和“外推式”的建构模式分析》,《天府新论》

2006 年第 2 期。

伏玉林、符钢战：《税费改革后农村公共服务提供机制的比较研究——基于湖北与浙江农村调查》，《社会科学》2007 年第 10 期。

苏晓艳、范兆斌：《我国农村公共产品供给的制度困境及对策选择》，《软科学》2005 年第 2 期。

贺文慧、邹奎：《农户信息服务需求分析》，《技术经济》2006 年第 12 期。

宿一兵、汤庆熹：《美国公共服务理论对中国农村公共服务改革之启示》，《湖南农业大学学报》（社会科学版）2005 年第 12 期。

费广胜：《提升农村公共服务能力的探讨》，《行政论坛》2008 年第 6 期。

杨静：《完善农村公共服务体制是构建和谐社会的关键》，《社会工作》2007 年第 9 期。

宋伟、任慧成：《新农村建设中的农村公共服务改革》，《理论观察》2006 年第 3 期。

巩玉涛、贾海薇：《我国农村公共服务供给现状、问题及其对策分析》，《今日南国》（理论创新版）2008 年第 5 期。

黄世贤：《我国农村公共服务政策回顾与评价》，《江西财经大学学报》2009 年第 2 期。

陈荣卓、唐鸣：《乡镇法律服务所服务属性的变迁——农村公共服务视野下的一种阐释》，《东南学术》2008 年第 3 期。

赵京华、周素萍、张亦明、杨斌：《新型农村公共服务体系研究》，《天津电大学报》2009 年第 6 期。

宋英杰、吕璀璀：《从失衡状态探析推进我国农村公共服务均等化的途径》，《乡镇经济》2009 年第 2 期。

张剑雄：《我国农村公共服务体系建设滞后的原因与对策》，

《咸宁学院学报》2008 年第 5 期。

郭伟、曹琳剑:《拓宽我国新农村公共服务设施建设融资途径之我见》,《现代财经》2009 年第 10 期。

郭存德:《完善农村公共服务供给机制对策分析》,《甘肃农业》2008 年第 6 期。

杨振华:《农村公共服务供给困境及路径选择》,《法制与社会》2009 年第 7 期。

解慧:《论新形势下的我国农村公共服务体制》,《山东省农业管理干部学院学报》2004 年第 5 期。

康琼:《我国农村公共服务体系重构的力场分析》,《湖南师范大学社会科学学报》2007 年第 5 期。

彭焕才:《论新型农村公共服务供给体系的构建》,《求索》2007 年第 9 期。

李欣:《我国农村公共服务体系构建研究》,《地方财政研究》2007 年第 12 期。

常铁威:《农村公共服务体系需改革创新》,《中国改革》2008 年第 9 期。

马怀礼:《安徽新农村建设中的公共品供给制度的创新》,《乡镇经济》2009 年第 1 期。

吴琦:《当前建立农村公共服务体制的重要任务——基于对公共服务体制内涵的分析》,《辽宁行政学院学报》2009 年第 2 期。

黄世贤:《试论我国现有农村公共服务政策》,《中国党政干部论坛》2008 年第 4 期。

黄毅峰:《转型期中国农村公共服务供给体制建构的路径选择》,《福建行政学院学报》2008 年第 3 期。

[美] E. S. 萨瓦斯:《民营化与公私部门的伙伴关系》,周志忍等译,中国人民大学出版 2002 年版。

贺文慧、高山:《基于委托代理理论的农村公共服务供给分析》,《技术经济》2007 年第 9 期。

郭建军:《完善我国农村公共服务体制建设的政策建议》,《经济研究参考》2007 年第 36 期。

赵炳起:《新农村建设中农村公共产品有效供给研究》,《经济纵横》2008 年第 11 期。

刘小玲、高艳梅:《统筹城乡基本公共服务与完善公共财政制度探索》,《广东社会科学》2008 年第 6 期。

贾康、孙洁:《农村公共产品与服务提供机制的研究》,《管理世界》2006 年第 12 期。

吴业苗:《农村公共产品供给主体的错位与调适》,《浙江社会科学》2006 年第 1 期。

王小林、郭建军:《必须大力拓宽农村公共服务的供给渠道——农村公共服务农户调查分析》,《调研世界》2003 年第 3 期。

卢洪友、张军:《中国公共品供给制度变迁与制度创新》,《财政研究》2003 年第 3 期。

盛荣:《关于农村公共产品与服务研究现状的思考》,《中国农业大学学报》(社会科学版)2004 年第 3 期。

王小林、李玉珍:《农村公共服务的理论基础及提供机制》,《经济研究参考》2006 年第 68 期。

叶兴庆:《论农村公共产品供给体制的改革》,《经济研究》1997 年第 6 期。

夏锋:《千户农民对农村公共服务现状的看法——基于 29 个省份 230 个村的入户调查》,《农业经济问题》2008 年第 5 期。

赵成福:《农村公共服务体制创新:模式与路径——以河南省延津县金粒小麦合作社为实证》,《调研世界》2007 年第 8 期。

刘宇南、薛元:《制约农村公共服务的体制机制因素及政策建议——世界银行关于我国农村公共服务的研究》，《中国经贸导刊》2007 年第 21 期。

王玲、兰庆高、于丽红：《借鉴国外经验完善中国农村公共产品供给》，《世界农业》2008 年第 6 期。

解建立：《国外城乡基本公共服务供给制度安排及其对中国的启示》，《河北师范大学学报》（哲学社会科学版）2000 年第 7 期。

王健、徐睿、陈艺：《统筹城乡发展视野中的农村公共服务社区化建设探索》，《四川省社会主义学院学报》2009 年第 1 期。

黄亚南、沈平：《突出服务主题完善“中心”功能——通州市农村公共服务中心建设情况调研》，《江海纵横》2008 年第 6 期。

何精华、岳海鹰、杨瑞梅、董颖瑶、李婷：《农村公共服务满意度及其差距的实证分析——以长江三角洲为案例》，《中国行政管理》2006 年第 5 期。

刘家富、索志林：《对一事一议制度供给农村公共产品的思考》，《中国科技信息》2005 年第 20 期。

姚尚花、马昊：《农村公共服务有效供给之道：政府、企业、乡民的多中心供给》，《内蒙古农业大学学报》（社会科学版）2007 年第 2 期。

叶文辉：《农村公共产品供给制度变迁的分析》，《中国经济史研究》2005 年第 3 期。

俞雅乖：《补充与合作：民间组织参与灾后农村公共服务供给的模式创新》，《经济体制改革》2010 年第 1 期。

方堃：《城乡统筹的县域农村公共服务模式与路径探究——从“国家单方供给”到“社会协同治理”的逻辑变迁》，《天津行政学院学报》2009 年第 5 期。

陈朋：《农村公共产品的供给模式与制度设计思考》，《教学与研究》2006 年第 10 期。

吴自聪、王彩波:《农村公共产品供给制度创新与国际经验借鉴——以韩国新村运动为例》,《东北亚论坛》2008 年第 1 期。

马得勇:《社会资本:对若干理论争议的批判分析》,《政治学研究》2008 年第 5 期。

林南:《建构社会资本的网络理论》,《国外社会学》2002 年第 2 期。

[英] 肯尼斯·纽顿:《社会资本与现代欧洲民主》,冯仕政译,载李惠斌、杨雪冬主编:《社会资本与社会发展》,社会科学文献出版社 2000 年版。

朱旭峰:《中国政策精英群体的社会资本:基于结构主义视角的分析》,《社会学研究》2006 年第 4 期。

边燕杰:《城市居民社会资本的来源及作用:网络观点与调查发现》,《中国社会科学》2004 年第 3 期。

刘春荣:《国家介入与邻里社会资本的生成》,《社会学研究》2007 年第 2 期。

埃莉诺·奥斯特罗姆:《社会资本:流行的狂热抑或基本的概念?》,龙虎编译,《经济社会体制比较》2003 年第 2 期。

张勉、魏钧、杨百寅:《社会资本的来源:工作咨询网络中心性的前因变量》,《管理世界》2009 年第 5 期。

赵延东、罗家德:《如何测量社会资本:一个经验研究综述》,《国外社会科学》2005 年第 2 期。

王卫东:《中国社会文化背景下社会网络资本的测量》,《社会》2009 年第 3 期。

林聚任、刘翠霞:《山东农村社会资本状况调查》,《开放时代》2005 年第 4 期。

桂勇、黄荣贵:《社区社会资本测量:一项基于经验数据的研究》,《社会学研究》2008 年第 3 期。

爱德华·格拉泽:《社会资本的投资及其收益》,罗建辉译,

《经济社会体制比较》2003 年第 2 期。

迈克尔·武考克:《社会发展于经济发展:一种理论综合与政策构架》，李惠斌、杨雪冬，《社会资本与社会发展》，社会科学文献出版社 2000 年版。

程民选:《论社会资本的性质与类型》，《学术月刊》2007 年第 10 期。

叶笑云:《社会资本与政府治理研究》，《兰州学刊》2004 年第 6 期。

李姿姿:《国家行为与社会资本建构》，《兰州学刊》2007 年第 2 期。

陈健民、丘海雄:《社团、社会资本与政经发展》，《社会学研究》1999 年第 4 期。

方竹兰:《中国体制转轨过程中的社会资本积累》，《中国人民大学学报》2002 年第 5 期。

李华民:《社会资本投资及制度变迁绩效》，《经济学家》2003 年第 6 期。

何君安、梁忠民:《论社会资本与政治系统的关系》，《政治学研究》2006 年第 3 期。

王覃刚、冀红梅:《利他行为、社会资本与制度演化》，《财贸研究》2006 年第 3 期。

钟涨宝、黄甲寅、万江红:《社会资本理论述评》，《社会》2001 年第 10 期。

符平:《微观社会资本研究的反思》，《南京社会科学》2004 年第 11 期。

曾璨、陈宏军:《社会资本理论研究综述》，《铜陵学院学报》2007 年第 4 期。

赵孟营、王思斌:《走向善治与重建社会资本——中国城市社区建设目标模式的理论分析》，《江苏社会科学》2001 年第

4 期。

包先康、朱士群：《乡村社会资本：村民小组治理的社会植被》，《人文杂志》2009 年第 2 期。

徐双敏、罗重谱：《新农村建设的社会资本路径探析》，《四川行政学院学报》2007 年第 6 期。

刘峰：《走向乡村善治：改善我国乡村治理之多维理论考察》，《湖北社会科学》2006 年第 9 期。

苗月霞：《乡村民间宗教与村民自治：一项社会资本研究——兼论韦伯关于宗教社会功能的观点》，《浙江社会科学》2006 年第 6 期。

汪小勤、汪红梅：《我国农村社会资本变迁的经济分析》，《福建论坛》（人文社会科学版）2007 年第 12 期。

岳成浩、薛冰：《新中国合作化运动的信任模式研究——基于社会资本的视角》，《天津社会科学》2008 年第 2 期。

李佳、郑晔：《乡村精英、社会资本与农村合作经济组织走向》，《社会科学研究》2008 年第 2 期。

吴光芸：《培育乡村社会资本：解决农村集体行动困境的内源基础》，《广东行政学院学报》2007 年第 2 期。

钱桂年：《利用社会资本改善农民养老问题——以甘肃省 T 村为例》，《湖北职业技术学院学报》2008 年第 3 期。

赵泉民、李怡：《关系网络与中国乡村社会的合作经济——基于社会资本视角》，《农业经济问题》2007 年第 8 期。

李军：《新农村建设中的乡村精英与社会资本建构》，《山东农业大学学报》（社会科学版）2006 年第 4 期。

苗月霞：《农村家族势力与村民自治运作绩效的社会资本研究》，《广西社会科学》2007 年第 2 期。

邹吉忠：《试论邓小平关于制度变迁与演进的思想》，《唯实》2004 年第 8 期。

温铁军：《重新解读中国农村的制度变迁》，《理论视野》2004 年第 1 期。

陈天祥：《论中国制度变迁的方式》，《中山大学学报》2001 年第 3 期。

叶文辉：《农村公共产品供给体制的改革和制度创新》，《财经研究》2004 年第 2 期。

王谦：《农村公共服务供给不足与政府支农政策有效性的实证分析》，《山东经济》2008 年第 9 期。

康洪：《论我国农村公共服务多元化的有效供给》，《湖南财经高等专科学校学报》2008 年第 4 期。

施威、王思明：《农村公共产品供给机制变迁的历史困境及其突破》，《中国农史》2007 年第 3 期。

陈永新：《中国农村公共产品供给制度的创新》，《四川大学学报》（哲学社会科学版）2005 年第 1 期。

赵聚军：《农村公共服务体系演进中的基层政府定位》，《人文杂志》2009 年第 1 期。

李炯标、魏红英：《社会资本：农村基层公共服务供给体制创新——以汕头市 C 村为例》，《美中公共管理》2008 年第4 期。

吴光芸：《社会资本理论视角下的农民合作——农村公共服务供给的一种途径》，《学习与实践》2006 年第 2 期。

钱忠好：《中国农村社会经济生活中的非正式制度安排与农地制度创新》，《江苏社会科学》1999 年第 1 期。

崔万田、周晔馨：《正式制度与非正式制度的关系探析》，《教学与研究》2006 年第 8 期。

彭焕才：《城乡统筹发展中新农村公共服务体制建设》，《云南行政学院学报》2009 年第 4 期。

李惠斌：《社会资本与社会发展引论》，《马克思主义与现实》2000 年第 2 期。

徐淑芳：《信任、社会资本与经济绩效》，《学习与探索》2005年第5期。

谢冬水：《社会资本、产权与经济绩效》，《中共宁波市委党校学报》2010年第2期。

罗云恒：《社会资本对公共政策过程的影响》，《上海行政学院学报》2008年第1期。

叶琳娜：《社会资本、制度与经济发展》，《湖北经济学院学报》2006年第1期。

何圣东：《家族传统、社会资本与家族企业的演化》，《中共中央党校学报》2003年第2期。

陆铭、李爽：《社会资本、非正式制度与经济发展》，《管理世界》2008年第9期。

郭贤：《社会资本、制度变迁与东北地区竞争力分析》，《管理观察》2009年第14期。

陈郁：《译者的话》，载奥尔森《集体行动的逻辑》，上海三联书店、上海人民出版社1995年版。

刘灿、金丹：《社会资本与区域经济增长关系研究评述》，《经济学动态》2011年第6期。

王廷惠：《非正式制度、社会资本与经济发展》，《开放时代》2002年第3期。

赵武、木子澶：《社会资本投资、制度变迁绩效与分配理念转换》，《生产力研究》2004年第9期。

郑玲玲：《从史志档案看东莞古代水利建设》，《城建档案》2002年第5期。

梁方仲：《明代粮长制度》，上海人民出版社2001年版。

李燕凌：《我国农村公共品供给制度历史考察》，《农业经济问题》2008年第8期。

李德芳：《民国乡村自治问题研究》，人民出版社2001

年版。

裴庚辛、郭旭红：《民国时期甘肃河西地区的水利建设》，《西北民族大学学报》（哲学社会科学版）2008 年第 2 期。

万振凡、肖建文：《建国以来中国农村制度创新的路径研究》，《江西社会科学》2003 年第 1 期。

朱考金、王思明：《试论民国时期民众教育的实践——以北夏实验区为例》，《南京农业大学学报》（社会科学版）2007 年第 4 期。

卜晓军：《新中国农村公共服务供给的制度变迁》，《西北大学学报》（哲学社会科学版）2010 年第 1 期。

刘永功、余璐：《村庄公共产品供给机制研究》，《中国农业大学学报》（社会科学版）2006 年第 2 期。

杨秦霞：《农村公共服务变迁研究——以 Y 村为个案》，硕士学位论文，四川社会科学院，2010 年。

梁诸英：《明清时期徽州地区灌溉水利的发展》，《南京农业大学学报》（社会科学版）2006 年第 1 期。

王社教：《清代安徽农业生产的地区差异》，《中国农史》1999 年第 4 期。

郑金彪、张玫：《试论近代安徽政府对水灾的救治——以 1906 年至 1908 年的安徽水灾为例》，《传承》2010 年第 4 期。

赵崔莉：《从清代安徽方志漫谈皖江圩田》，《中国地方志》2007 年第 4 期。

赵入坤：《民国安徽的乡村建设》，《江淮论坛》2007 年第 4 期。

李姗：《安徽的自然灾害与农村合作运动探析（1927—1937 年）》，《安徽农学通报》2009 年第 11 期。

孙语圣：《民国时期安徽的水利建设》，《民国档案》2002 年第 4 期。

李琛、马陵合：《民国时期的水利借款研究——以导淮工程为中心》，《安徽理工大学学报》（社会科学版）2011 年第 1 期。

江娅：《安徽省农村公共产品供给制度障碍及创新研究》，硕士学位论文，合肥工业大学，2009 年。

何清涟：《农村基层社会地方恶势力的兴起——与王旭商榷》，《二十一世纪》1997 年第 6 期。

马怀礼：《安徽新农村建设中的公共品供给制度的创新》，《乡镇经济》2009 年第 1 期。

林凤：《安徽新农村建设中的公共品供给制度创新》，《科学社会主义》2011 年第 4 期。

姜晓萍：《中国公共服务体制改革 30 年》，《中国行政管理》2008 年第 12 期。

熊巍：《我国农村公共产品供给分析与模式选择》，《中国农村经济》2002 年第 7 期。

张开云：《农村公共产品供给效率的影响因素分析与路径构建》，《东岳论丛》2009 年第 6 期。

龙兴海：《农村公共服务观察：效率问题及对策》，《文史博览（理论）》2007 年第 10 期。

江明融：《公共服务均等化论略》，《中南财经政法大学学报》2006 年第 3 期。

郭泽保：《建立和完善农村公共产品需求选择的表达机制》，《中国行政管理》2004 年第 12 期。

康琼：《我国农村公共服务体系重构的力场分析》，《湖南师范大学社会科学学报》2007 年第 5 期。

雷晓康、贾明德：《公共物品公共性的变化及其有效提供》，《长安大学学报》（社会科学版）2003 年第 2 期。

李永彩：《浅析农村公共产品的供给与农民组织的发展》，《乐山师范学院学报》2005 年第 10 期。

丁学东、张岩松：《公共财政覆盖农村的理论和实践》，《管理世界》2007 年第 10 期。

张益丰、张少军：《中国农村公共产品供给架构建设——基于发展视角的分析》，《经济学家》2009 年第 2 期。

刘新建、刘彦超：《农村公共服务供给问题及其对策探讨》，《重庆社会科学》2007 年第 3 期。

孔祥智、涂圣伟：《新农村建设中农户对公共物品的需求偏好及影响因素研究——以农田水利设施为例》，《农业经济问题》2006 年第 10 期。

李汉文、王征：《论农村公共品供给过程中的需求表述机制》，《当代财经》2005 年第 10 期。

郭金喜、鲁娜：《农村公共服务供给：基于公共政策视角的分析》，《农村经济》2010 年第 5 期。

陶学荣、史玲：《统筹城乡发展中的农村公共产品供给研究》，《财贸研究》2005 年第 3 期。

孔祥智、李圣军、马九杰：《农户对公共产品需求的优先序及供给主体研究——以福建省永安市为例》，《社会科学研究》2006 年第 4 期。

刘雪梅、罗伟忠：《构建新型农村公共产品供给体系》，《湖南行政学院学报》2006 年第 12 期。

于水：《我国农村公共产品供给实证研究——以江苏苏南、苏北地区若干行政村为个案》，《南京社会科学》2008 年第 1 期。

刘宏凯：《农村公共物品供给的制度缺陷与政府责任探析》，《哈尔滨工业大学学报》（社会科学版）2008 年第 1 期。

辛波、杨海山：《论农村公共产品供给制度的变革》，《山东社会科学》2006 年第 4 期。

夏峰：《从三维视角分析农村基本公共服务现状与问题》，《统计研究》2008 年第 4 期。

李燕凌：《我国农村公共品供给制度历史考察》，《农业经济问题》2008 年第 8 期。

刘小玲、高艳梅：《统筹城乡基本公共服务与完善公共财政制度探索》，《广东社会科学》2008 年第 6 期。

盛荣：《关于农村公共产品与服务研究现状的思考》，《中国农业大学学报》（社会科学版）2004 年第 3 期。

杨鹏程：《农村公共服务供给短缺与解决对策》，《开发研究》2007 年第 6 期。

孔祥智、李圣军、马九杰、王明利：《农村公共产品供给现状及农户支付意愿研究》，《中州学刊》2006 年第 4 期。

余世喜、李喆：《中国农村公共服务存在的问题及其原因分析》，《南方农村》2006 年第 3 期。

林万龙：《中国农村公共服务供求的结构性失衡：表现及成因》，《管理世界》2007 年第 9 期。

聂莉：《我国农村公共产品供求现状及其因素分析》，《南方农村》2005 年第 5 期。

冯海波、郑婷婷：《不同财政约束条件下的农村公共物品供给》，《当代经济研究》2005 年第 4 期。

吴业苗：《农村公共产品供给主体的错位与调适》，《浙江社会科学》2006 年第 1 期。

于凤荣：《税费政策改革对农村公共产品筹资方式的影响》，《东方论坛》2004 年第 5 期。

张林秀、罗仁福、刘承芳、Scott Rozelle：《中国农村社区公共物品投资的决定因素分析》，《经济研究》2005 年第 11 期。

周业柱、孙亚萍：《浅议安徽农村公共服务体系建设的主要成就与基本经验》，《乡镇经济》2006 年第 1 期。

吴宗友、姚明会：《安徽农村社会事业建设主体定位及运行机制》，《学术界》2009 年第 6 期。

高新军：《农税取消后我国农村的公共服务状况、挑战及解决的思路——以中部河南省和安徽省的部分乡镇为例》，http：//books. chinareform. org. cn/society/2/5/201102/t20110225_61277. htm 2006. 03. 07G，2011—02—25。

张娜、王晶晶：《安徽农村专业合作经济组织发展实证研究》，《合作经济与科技》2010 年第 4 期。

李光龙、管治华、崔金秋：《缓解县乡财政困难的思路与对策——以安徽为例的分析》，《安徽大学学报》（哲学社会科学版）2007 年第 4 期。

程必定：《民办型农村服务体系与安徽农村劳动力转移》，《安徽省委党校学报》1993 年第 4 期。

陈定洋、张冲：《健全安徽农村公共服务机制与政策探析》，《理论建设》2011 年第 2 期。

储成兵：《安徽基层政府公共服务能力分析及提升策略》，《湖北经济学院学报》（人文社会科学版）2011 年第 3 期。

李光龙、管治华、崔金秋：《缓解县乡财政困难的思路与对策——以安徽为例的分析》，《安徽大学学报》（哲学社会科学版）2007 年第 4 期。

张忠文：《安徽农村改革开创多项第一》，《安徽日报》2007 年 2 月 13 日。

安徽行政学院课题组：《安徽农村公共服务体系建设问题》，《华东经济管理》2005 年第 11 期。

张振华：《集体选择的困境及其在公共池塘资源治理中的克服——印第安纳学派的多中心自主治理理论述评》，《行政论坛》2010 年第 2 期。

杨曼利：《自主治理制度与西部生态环境治理》，《理论导刊》2006 年第 4 期。

巩建华：《西方治理理论存在的内在缺陷》，《江南大学学报》（人文社会科学版）2007 年第 10 期。

杜永豪：《对美国公共行政理论之“兴替”现象的哲学思考》，《云南行政学院学报》2004 年第 2 期。

李松龄：《制度供给：理论与实证》，《湖南财经高等专科学校学报》1999 年第 3 期。

吴凡：《对西方国家制度供给理论的反思》，《四川行政学院学报》2005 年第 6 期。

张宏、赵金锁：《国家的制度供给模型》，《甘肃社会科学》2007 年第 1 期。

安蓉泉：《提升制度供给的意识和能力》，《中共浙江省委党校学报》2004 年第 6 期。

邓大才：《制度供给效率研究》，《江海学刊》2004 年第 4 期。

邓大才：《论当前我国制度供给现状及制度变迁方式的转换》，《江苏社会科学》2002 年第 6 期。

吕之望、李雄斌：《关于制度供给过剩的一个框架》，《西北大学学报》（哲学社会科学版）2004 年第 2 期。

姚作为、王国庆：《制度供给理论述评——经典理论演变与国内研究进展》，《财经理论与实践》2005 年第 1 期。

涂晓芳、汪双凤：《社会资本视域下的社区居民参与研究》，《政治学研究》2008 年版。

曾军平：《集体行动的个体异质效应研究》，《财经研究》2004 年第 3 期。

张江华：《工分制下的劳动激励与集体行动的效率》，《社会学研究》2007 年第 5 期。

苏振华、常伟：《公共选择视角下的集体行动效率及其制度含义》，《经济理论与经济管理》2008 年第 6 期。

钟祥财：《特殊压力下集体行动的逻辑——对计划体制的一

个经济学解释》，《上海经济研究》2010 年第 3 期。

胡小江：《中小企业集群的集体行动困境博弈分析》，《统计与决策》2010 年第 24 期。

俞晓晶：《制度经济学与制度效率文献综述》，《合作经济与科技》2011 年第 6 期。

林燕：《征地制度评价：合利性、合理性、合法性》，《农村经济》2009 年第 3 期。

徐淑芳：《信任、社会资本与经济绩效》，《学习与探索》2005 年第 5 期。

陆铭、李爽：《社会资本、非正式制度与经济发展》，《管理世界》2008 年第 9 期。

吴淼：《基于社会资本的农村公共产品供给效率》，《中国行政管理》2007 年第 10 期。

李怀、贺灵敏：《集体行动的内部动员过程——硬强制动员与软强制动员》，《华中科技大学学报》（社会科学版）2009 年第 5 期。

李培林：《理性选择理论面临的挑战及其出路》，《社会学研究》2001 年第 6 期。

李春锋：《后税改时代的农民集体行动逻辑研究——兼与于建嵘老师商榷》，《成都大学学报》（社会科学版）2010 年第 4 期。

刘涛：《农民集体行动研究的理论基础、进展与方向》，《福建行政学院学报》2009 年第 5 期。

于建嵘：《集体行动的原动力机制研究——基于 H 县农民维权抗争的考察》，《学海》2006 年第 2 期。

贺雪峰：《农民行动逻辑与乡村治理的区域差异》，《开放时代》2007 年第 1 期。

陆自荣：《观念是利益的表达——对集体行动困境的反思》，

《马克思主义与现实》2009 年第 5 期。

高春芽:《社会资本视域中的集体行动机制变迁》,《中共中央党校学报》2008 年第 6 期。

李军:《新农村建设中的乡村精英与社会资本建构》,《山东农业大学学报》(社会科学版)2006 年第 4 期。

白春阳:《传统社会人格信任模式及其局限性》,《甘肃联合大学学报》(社会科学版)2008 年第 1 期。

后记

母亲经常说我出生于“分田到户”那年，童年时代我一直搞不清“分田到户”的意思以及“分田到户”这种制度改革对于农民的意义。为什么农村人把“分田到户”看得如此之重，直到大学时代我才知道这种土地制度改革对于农民、农村和农业的意义，此种制度改革带来农民温饱问题的解决、农村的稳定和农业的发展。母亲出生于20世纪50年代，她生活中存在着饥饿的记忆，因此温饱问题的解决对于母亲和母亲那一代人非常重要。相较于50年代出生的中国农村人，我的童年时代至少没有饥饿的印记，但80年代中期安徽农村是不富裕的。我中学时代有关农村问题最深刻的记忆是一到旱涝之年农民在灌溉和用水问题上的争吵和冲突，由此导致了乡亲不亲，乡情无情。我曾经参加过乡村组织的防旱时期沟渠疏通和防洪时期的河堤加固，但农村沟渠和河堤是年年修，年年失修，周而复始，收效甚微。中学时代这些令我百思不得其解的问题促使我后来致力于农村问题研究，希冀在农村公共服务供给等农民问题解决上能提出自己的一点看法。本书成书凝聚了我7年来的心血，本书出版要特别感谢我的父母给予的支持和鼓励，感谢女朋友汪涵给予我的理解和帮助，如果我在学术上有那么一点点进步都是与你们分不开的。